読みなおす日本史

中世の裁判を読み解く

網野善彦・笠松宏至

吉川弘文館

まえがき

長年、中世の文書を読み、勉強してきたが、鎌倉幕府の裁許状ほど、内容の豊かな文書群は余りない、といっても決して言い過ぎではなかろう。この時代の法や制度はもとより、人と人との多様な関係、社会、生活、生業の実態を、これほど具体的かつ総合的に知りうる史料は前後の時代を通じて見られない、ということもできよう。これは鎌倉幕府の裁判制度が、前近代においては世界史的にみても例のないほどに充実した手続に基づいて行われたことによるのであり、このこと自体、今後考えてみなくてはならない、歴史上の大きな問題であろう。

学生社からの申し出で笠松宏至氏との対談の機会が得られたとき、笠松氏が裁許状の一、二通を選び、細部にわたって読んでみることを提案され、私も直ちにそれに賛成したのは、こうした史料そのものの特質についての二人の共通した理解があったからであった。しかし私にとってこれは、この分野の研究に非常に詳しい笠松氏から細かい文言にいたるまで、直接、御教示を得ることのできる、またとない機会となった。

対談は、第Ⅰ部の「地頭はなぜ敗れたか」にかかわる丹波国雀部荘についての六波羅下知状をめぐっては一九九七年十二月十八日と一九九八年二月十七日の二回、第Ⅱ部の「宿の傀儡の勝利」と題した傀儡に関する関東下知状については一九九八年三月三十一日に一回行い、その速記録に二人がそれぞれ手を入れた上で、本書にまとめた。

討論を通じて新たに明らかにしえた点もあり、とくに笠松氏の新解釈には目をみはることが多かったが、一方、われわれの力ではまだわからない問題が少なからずあるのを確認できたことも大きな収穫であった。

この領域でも研究すべき余地はなお広く残されており、もしも可能ならばこうした討論を別の裁許状に即してもう一度行ってみたいという思いを対談終了後に持ったのは、二人とも同様であった。ただ今年四月、私が思いもかけぬ肺癌であったことが判明し、検査、手術、放射線治療等に二ケ月余を必要としたため、原稿整理、校正が大幅におくれ、笠松氏の御尽力によってどうやらここまでこぎつけることができたとはいえ、刊行が大変に遅延した点を心からおわびしたい。また私のこの病気は、さきの希望の実現する可能性を著しく小さくしたといわざるをえないが、できうる限り生命を長らえ、これを現実のものとしたいといまも考えている。

本書は全体としてかなり専門的であり、いつも話し合っているだけに、二人だけの思いこみになっていることも多々あろうが、編集部の御努力をふくめて、多少とも読み易くすることにつとめてみた。さまざまな面からの読者の忌憚のない御批判をいただければ幸いである。

また、この対談の機会を与えられただけでなく、対談の進行を円滑にして下さった学生社会長鶴岡阷巳氏、同社長鶴岡一郎氏、編集部の児玉有平氏に対し、ここに心からの感謝の意を表したいと思う。

二〇〇〇年七月三十一日

網野善彦

目次

Ⅰ　地頭はなぜ敗れたか
——丹波国雀部荘〈六波羅下知状〉を読み解く——

1　中世文書との出会い……一〇

2　条文を読み解く

第一条　地頭名所当年々未進の事……四一

第二条　日次供祭の魚の事……七〇

第三条　地頭庄屋を百姓に充て造らすの事……七八

第四条　段別銭三百文充て徴する事……九一

第五条　新儀を以て永夫を充つるの事……九八

第六条　京上夫の事……一〇四

第七条　薪・蒭・房仕役の事……一四〇

第八条　下司名田を百姓に充て作るべき由の事……一五三

第九条　十二番頭一人別に伝馬一疋、相あはせて十二疋、地頭下向のため京進すべき事……一六七

第十条　社家進止の公文、新儀を以て
　地頭方に召し仕はんと擬する事……一七一

Ⅱ　宿の傀儡の勝利
――駿河国宇都谷郷〈関東下知状〉を読み解く――

1　はじめに……一八六
2　条文を読み解く
第一条　旅人雑事用途の事……二〇四
第二条　段別の糯白米の事……二一四
第三条　二所詣の人夫・伝馬の事……二二八
第四条　湯詣の人夫・兵士の事
第五条　過料の事……二三七
第六条　阿曽尼作稲の事……二四七
第七条　在家間別銭の事……二五七
まとめ……二七二
あとがき……二七九
補論　この書と過ごせた幸せ……二八三

I

地頭はなぜ敗れたか

――丹波国雀部荘〈六波羅下知状〉を読み解く――

1　中世文書との出会い

網野　嘉禎《かてい》四（一二三八）年十月の六波羅《ろくはら》裁許状《さいきよじよう》(1)(2)を史料として、これから討論をするのですが、この松尾《まつのお》社領《しやりよう》(3)の丹波国省部荘《ささきべのしよう》(4)の裁許状を取り上げたのは、けっして偶然ではなくて、二人にそれぞれ思い出があるからなのです。そのへんの事情を、まず最初に笠松さんからお話しください。

笠松　これは私にとって人生初めての中世古文書《こもんじよ》といっていいぐらいのものです。東大の国史学科に進学しましたら、亡くなられました宝月圭吾《ほうげつけいご》(5)先生が、古文書学のゼミでこの文書の影写本《えいしやぼん》(6)を撮影した写真をテキストにされました。不勉強でもその後、長年やっていますから相当の量の文書をみましたが、初めての文書という意味でとても思い出深い文書です。ところが、この前うかがったら、網野さんのときも宝月先生はこの史料を使われたということなので、もしかしたら私と同じような感懐をお持ちかと思います。

ただ、たいへん申し訳ないのですけれども、そのゼミで宝月先生から何を教わったかというのは全然記憶にないんですが、たった一つ、非常に鮮明に覚えていることがあります。「地頭名所当年々未進《じとうみようしよとうねんねんみしん》の事」という第一条が始まったとき、どうしていちばん最初に私が指名されたかわからないのですが、宝月先生が「笠松君、この所当《しょとう》というのは何ですか」と聞かれたのです。きっと前の日にでも字引を引いていったのではないかと思うのですが、とにかく「年貢みたいなものですか」といいました。「みたい」といったことはよく覚えているんですが、そうしたら先生がギョロッと目をむかれまして「まあそうです」とおっしゃった。きっとおっしゃりたいことがあったのだと思うのですが。

いまだったら、所当についてもうすこしましに答えられたのではないかと思います。年貢をなぜ所当というかということが、それ以来ずっと頭にあったのですが、考えてみると、これはわりあい簡単なことなのですね。所当というのは、まさに「当《あ》つる所」という意味で、「所当の官物《かんもつ》(7)」とか「所当の年貢」あるいは「所当の罪科《ざいか》」ともいい、「当然それに相当するところの」という形容詞です。そして、所当の官物、所当の年貢という言葉が通用していたのが、いつのまにか下の言葉がとんでしまって、「所当」自身が年貢という意味になってしまったのではないかと今は思うのです。

ついでにいいますと、年貢を表す言葉に中世で「公平」というのがありますが、これもだいたい似通った筋道で、「公平の何々」というふうに使う形容詞だったわけですが、その下の部分がとんでしまって公平だけで年貢という意味になったんですね。

網野　「公平」はコウヘイ、あるいはクビョウといいますね。

笠松　所当とか公平という言葉自身が年貢という意味になったということで、中世の年貢というものを考えるのに一つの手掛かりにはなる。ですから、いまでしたら、宝月先生にもうすこしましな答えができたと思うのですが（笑）。

そういう意味で、この裁許状は思い出深いのと、内容がバラエティに富んでいることもあり、いろいろな意味で今も大変興味があります。神奈川大学の学部の学生さんを相手に、影写本を撮影したものをコピーして配って、字の練習も兼ねて授業に使ったことがあるのですが、私の力ではいろいろわからないことがたくさん出て来ました。そこで、ぜひ一度網野さんに教えていただきたいと兼々思っていたものですから、ちょうどいい機会だと思ってこの史料を使ってみたらどうでしょうということになったわけです。

この史料は、京都松尾神社の東《ひがし》という社家《しやけ》(8)の文書として今に伝わっています。裁許状は勝訴した方に授けられるのが原則ですから、勝った松尾神社の社家に文書の正文《しようもん》(9)が伝わっているのです。

さてこの相論《そうろん》(10)の訴人《そにん》（原告）は松尾社の社家であり、訴えられた論人《ろんにん》（被告）は、この荘の地頭の飯田という武士です。当時の言葉でいうと、論所《ろんしよ》というのですが、訴訟対象になっている項目は何かというと、丹波の雀部荘という荘園の「地頭名所当年々未進の事」、以下十箇条です。

次に法廷はどこかというと、これは六波羅になります。六波羅というのは、鎌倉幕府の京都の出先の軍事機関かつ政治機関かつ裁判機関ですが、この六波羅の法廷で裁判が行なわれました。そして、判決が下った時期はいつかというと、嘉禎四年です。当り前ですがこれらの要素をすべてふまえないと、この史料を正確に理解することはできません。

そこで、網野さんのほうから、訴人である松尾社家と論所である雀部荘についてまず説明していただけたらと思うのですが。

網野　私も宝月先生から影写本を見せていただいたことが、この文書との最初の出会いです。当時はまだ複写がなかったから、影写本を実際に持ってこられて、それを広げて、みんなが周りに集まって読んだように憶えています。そのときのこの「東文書《ひがしもんじょ》」(11)が大変強く記憶に残っていました。

東家は、松尾社の神主、社家の一つですが、もうひとつ、大南《おおみなみ》という大きな社家があります。松尾社は、朝廷にとって非常に重要な神社で、山城国の一宮(12)だと後にいわれていますし、京都のすぐそばにあるので、朝廷からも尊重されている神社です。(13)とくに、平安京ができるにあたって、重要な意味をもっており、この神社の社家は秦《はた》氏(14)一族なのですが、秦氏は、平安京をつくるときに大きな貢献をした氏族です。その一族が社家になっているという点からみても、この神社が山城、京都の中でかなり大きな意味をもっていたことは間違いないと思います。

それともう一つ、後になると、松尾社は酒の神様になり、神社の裏の水を使うと絶対酒が腐らないという伝説もあるようで、いろいろな意味で非常に面白い神社なのですが、私の知っているかぎり、この神社に関する研究はほとんどありません。宝月先生御自身が「九条家本漂到琉球国記」の紙背文書(15)の秦相久陳状案を紹介されて信濃国今溝荘にふれておられますが（「信濃国今溝荘の新史料」『中世日本の売券と徳政』吉川弘文館一九九九年所収）、これは史料紹介で、私が知っている本格的な論文は、唯一『年報中世史研究』という名古屋で出している雑誌の六号で、私が名古屋大学にいたころ教えた学生さんの、山中隆生さんという方が「中世松尾社領に関する一考察——社家の系譜と伝領《でんりょう》のあり方をめぐって——」という論文を発表しています。学部の卒業論文だったのですが非常にしっかりしたものだったので、論文としてこの雑誌に載せたのです。

私もこれによって考えるしかないのですが、どこの神社でも、またどこの寺院でも、十一世紀の終りごろから十二世紀の中ごろになりますと、これまで国家に依存していた経済的な基盤がもたなくなり、それぞれ自分の独自の経済的基盤を確保するために、荘園を全国の各地に設定しようとするわけです。

そうした荘園の設定のさいに、大きな役割を果す有能な人物がそれぞれの寺社にでてきますが、松尾社の場合、いちばん活発に動いたのは、この裁許状のなかに出てくる秦相頼《すけより》という人物で、この人が松尾社の社領のほとんどを、いろいろな方面に工作して確保したと考えられます。その父親に頼親《よりちか》という人がいますが、この人も荘園の獲得に寄与しており、頼親と相頼の親子が、十二世紀前半から後半にかけて、各地域の荘園を松尾社領として国家に認めさせる、立券《りつけん》荘号(16)をしているわけです。つまり中世松尾社の経済的基盤が整備されたのは、この頼親・相頼父子の力によると思われます。

雀部荘は、頼親が建立した荘園で、自分の功力《こうりき》(労力や経費)を入れて、この荘園を建てています。ですから、この荘園については、頼親の子孫が代々伝領《でんりょう》(17)する権利を持っていたのです。

このころのどこの神社でも惣官《そうかん》[18]、神主といわれる神社の役職に付属した所領と、そうした役職に付くことのできる一族が代々伝えることのできる所領の二つに分かれるのが一般的です。鹿島神宮をみますと、その社領は職領《しきりょう》といわれて大禰宜職《おおねぎしき》[19]という職に即して伝えられる所領と、大禰宜になる中臣《なかとみ》氏という一族に伝えられている別相伝《べつそうでん》[20]の私領との二つに分かれているのですが、雀部荘の場合は、頼親が自分の私的な功力を入れて建てた荘園ですから、秦氏、とくに頼親の子孫に相伝される別相伝の私領という性格をもっていたのではないかと思われます。

それとともにどうしてこの地域を頼親が松尾社の荘園として立券したのかということですが、雀部荘の中を流れている川で、当時、天田《あまた》川といわれ、現在では由良《ゆら》川といわれる、ゆるやかに日本海に流れ込んでいる大きな川があります。この川を松尾社は自分の縄張り、つまり神の川にしており、この川から取れた魚は贄《にえ》[21]として松尾社の神に捧げられるという由緒がありました。雀部荘はその川を含んでおり、もともと川の周囲には贄を奉《たてまつ》っている人たち、鵜飼などのいたことがよりどころになり、その人たちの所持する田畠などを根拠として荘園を建てたのではないかと思います。

秦氏系図

頼親―相頼┬相房―頼康
　　　　　├相能―相貴
　　　　　└相久―相政

これから問題になる相論は、頼親の子息相頼の子供の時代のことですが、この相久《すけひさ》という人の名前は、文書の中には出てこないんですね。

笠松　それが何故かわからないんです。

網野　この相論のときには相頼は年を取って死んでいますから、その次の世代だと思いますが、その名前は出てきませんね。それが気になるので、この問題は私にはまだはっきりわからないのです。雑掌《ざっしょう》(22)がだれの代りに訴訟をやっているのかが、私にははっきりわからなかったのです。とにかく、相頼の次の代は相久ですね。

笠松　譲状《ゆずりじょう》(23)があるから、相久という人ならぴったりだと思ったんだけれども……。

網野　ところが、相久が前の年に相政《すけまさ》という人に譲っているわけで、ちょうどその交代の時期に当たっているので名前がでないのではないかと考えられないでしょうか。それはともかく、訴人はこうした状況で、雀部荘は、秦頼親・相頼・相久とつづく神主が私領として、代々伝えている別相伝の所領です。そして、その所領に関連して地頭との相論が起こっているわけです。

じつは松尾社が鎌倉幕府とどういう関係をもっていたかが、よくわからないのです。ただ、鎌倉幕府が出来るときにただならぬ関係を幕府ともったらしいことは確実なので、それがこれからの相論のなかでいろいろなかたちで問題になってくると思います。

荘園についていては、このくらいにして、論人、訴えられた地頭の話を笠松さんにやっていただきたいのですが。

笠松　訴えられた飯田という人物がなぜこの荘園に入ってきたかという由来が、第一条に書いてある面白い話なんですね。文治《ぶんじ》二（一一八六）年に相頼自身が地頭職になる下文《くだしぶみ》(24)をもらう。これは西国では非常に珍しいケースだと思うのですが、とにかく社家が地頭職をもらって、梶原景時《かじわらかげとき》(25)を地頭代《じとうだい》(26)にするという一種の非常手段に出たわけです。ところが、その景時が正治《しょうじ》二（一二〇〇）年に失脚する。その景時を滅ぼすにあたって戦功のあった飯田大五郎清重《きよしげ》という人が、地頭職に補せられる。それで、もともと地頭職が社家で、地頭代が景時だったのが、このときに、何故か社家の地頭職が無視されてしまって、いきなり飯田が地頭職そのものに任命されたので、大きなトラブルのもとになるのです。つまり、飯田という人がどういう人かというのは、この入ってきたときの事件で知るより、あまり知る手だてがないんですね。

まず、景時が失脚する事件について少し説明しましょうか。梶原景時は、鎌倉政界の大立者だったわけですが、頼朝が死んだあと、いろいろな事情があって、ほかの御家人《ごけにん》から糾弾されて失脚します。この事件については、かなり昔になりますが、石井進さんが中央公論社の『日本の歴史7「鎌倉幕府」』（一九六五年）に書かれていまして、これが非常に面白くて印象に残っているのですが、要するに、このとき、北条時政《ほうじょうときまさ》(27)が登場します。将軍が頼家《よりいえ》(28)で、その弟に実朝《さねとも》(29)がいたわけですが、時政が実朝を担《かつ》ごうとしていた。それを梶原景時に嗅《か》ぎつけられたということで、それを逆手《さかて》にとって、石井さんの表現によると、「かねてくすぶっていた御家人たちの不満に火をつけ、先手を打って追いおとしをはかり……」ということになる。要するに、この筋書きを書き、景時を失脚させたのは北条時政だったというわけです。鎌倉時代の政変というと、必ず北条氏が黒幕というのが政治史の一種のパターンになっていますから、そういう意味では、あまり気は進みませんが。

ここで、石井さんがいわれているいちばん大きなポイントは、時政が駿河(30)の守護だったということ。そして景時が失脚したのは、いきなり殺されたわけではなく、相模《さがみ》(31)の一の宮に立てこもり、それから伊勢のほうに逃げていこうとしたときに、景時親子が駿河国の清見関《きよみのせき》(32)を通過しようとする。清見関というのは、石井さんの話だと東海道の要衝なんだそうですが、そこで景時が滅ぼされる。これが時政黒幕説のポイントになります。

『吾妻鏡《あずまかがみ》』(33)によりますと、「景時父子駿河国清見関に到る。しかるに、その近隣甲乙人《こうおつにん》ら的を射んがために群集。退散の期に及んで景時途中に相逢う、彼輩《かのやから》これを怪しみ箭《や》を射懸《いか》く。すなはち蘆原《いえはら》小次郎……飯田五郎これを追う。」とあって、ここで飯田五郎という人物が出てくる。さらに飯田四郎等二人が戦死しているとあるのですが、このときに「その近隣甲乙人」という表現が、『吾妻鏡』では使われているのです。そして、勝負がなかなか決しないときに、「しかれども漸く当国御家人等競ひ集まる」というふうになっているわけで、当国御家人が参戦する前にまず戦った近隣の甲乙人のなかに飯田という人物が出てくる。

『吾妻鏡』ができたのは、鎌倉の末ごろですけれども、そのころの言葉づかいを考えてみますと、「甲乙人」というのは、いろいろな使い方をされていますが、鎌倉の終りごろですと、有名な『沙汰《さた》未練書《みれんしょ》』(34)の表現では、「甲乙人等とは凡下《ぼんげ》百姓等の事なり」とあるわけです。同書とあまり成立年代の違わない『吾妻鏡』に「甲乙人」と表現されており、そのあとに「当国御家人」が別口になって出てきているわけですから、飯田五郎が、御家人のなかに入っているわけがありません。しかも、この「甲乙人」の中には、在地の小さな武士だったと思われる人がならんでいます。

飯田五郎の戦功は景時の子供の景茂郎等《かげしげろうとう》の二人の首を取ったということと、飯田四郎ら二人が戦死したということになっているわけです。このとき飯田がもらった下文は残っていませんが、これだけ戦功のあった人間が恩賞をもらうのは当然ですから、それで恩賞をもらい、この史料に書いてありますように、梶原景時の跡として雀部荘の地頭職をもらうということになるわけです。

ところで、飯田五郎と一緒に「甲乙人」として吉川小次郎《きつかわこじろう》という人物が出てきます。この吉川というのは、『吾妻鏡』では駿河国の「第一の勇士」というふうに出てきますが、これが例の『吉川家文書』(35)を残している吉川の一族で、その証拠は『吉川家文書』に残っています。それには正治二年正月二十五日、吉川経兼《つねかね》が播磨《はりま》(36)の福井荘地頭職をもらっているということが記されています。その文書は案文(37)ですが「本御下文《ほんおんくだしぶみ》」(38)という注記が付いているところからみて、吉川が正規の御家人になったのはこれがきっかけになったのではないかと思うのです（『吾妻鏡』にはこれ以前にも御家人として名前は出てきますが)。

要するに、飯田は、ここではじめて戦功を挙げて御家人になるわけですが、石井説のように、ここで時政が梶原景時を追討しようと網を張って待っていたということが正しいとすると、駿河国の在地の甲乙人といわれる小さな武士団というのは、北条氏の指令によって動いていたということになります。

さらに、『吾妻鏡』の正治二年正月廿三日の戦功者のリストの中にいる、渋川とか工藤といった人たちは、後に北条得宗《とくそう》[39]被官のなかに入ってくるような人たちなんですね。そして、飯田はこのとき下文をもらって地頭になるわけですから、まさしく御家人には違いないのですが、北条との関係が切れてはいないんじゃないかと思うのです。

そして、あとの話になりますが、嘉禎四年という年に、飯田光信《みつのぶ》が将軍のお供をして上洛するということでこの相論の一つの種になるのですが、『吾妻鏡』の上洛の御家人のリストの中には飯田五郎は出てきません。同年二月二十一日将軍頼経[40]入京の行列の『吾妻鏡』の記事で、修理権大夫《しゅりごんだゆう》、左京権大夫、つまり北条の執権、連署の二人のところの注記に、「随兵《ずいひょう》[41]」とあって、「其外打ち籠もる勢　勝《しょう》計《けい》すべからず」とある。挙げて数えるべからずということが書いてあるのです。

網野　左京権大夫が泰時[42]、修理権大夫が時房《ときふさ》[43]。

笠松　そうですね。この二人を挙げて「其外打ち籠もる勢」というので、要するに勝手に参加していった人間がたくさんいたというふうに書いてある。ですから、もしかしたら飯田の上洛は、幕府の御家人の一人として上洛するのではなく、北条氏にくっついていったのではないかという気がするのです。

それと、この清重は、訴状によると左衛門尉《さえもんのじょう》とあります。この官をいつもらったのかわからないんですが、後に問題になります貞応《じょうおう》二（一二二三）年に幕府からもらった文書にも、宛て名が飯田左衛門尉となっている。そして、あとで盛んにこの相論でとりあげられる貞応二年八月二十九日の奉書なのですが、『鎌倉遺文《いぶん》』(44)では「関東御教書《みぎょうしょ》」(45)と命名してありますが、これは関東御教書とはちょっといいがたいと思います（何とよんでいいかわからないので、以下関東御教書としますが）。「依前陸奥守殿御奉行、執達如件《しったつくだんのごとし》」とあります。「御奉行によって」というふうになっていますから、よくわかりませんが、清原氏が奉じて飯田宛に出したもので、これも北条氏との関係を示しているのではないかと思うのです。

このとき、つまり、貞応二年にすでに左衛門尉をもらっているわけです。これは、本文の史料に出てきますように、自分たちのことを「尩弱《おうじゃく》の貧者なり」(46)といっていますが、左衛門尉をもらうには、成功銭《じょうこうせん》(47)を払ってもらったと思います。左衛門尉となるとかなりのお金を払わなくてはならないと思うのですが、左衛門尉という位を持っていれば、御家人としても立派なクラスになるわけですし、この位の武士でそれを持っているというのは、北条氏と何らかの関係があったのではないかという気がするんです。この想像がもし当たっていたとすると、この松尾社は、飯田というかなり手ごわい人物を相手にしたということになるわけです。それがどんでん返しでこの相論では飯田はまるで一顧だに与えられず敗れてしまう。それはなぜか、それが大きな問題です。

網野　少し補足をしてみますと、飯田氏は、『吾妻鏡』では治承《じしょう》四（一一八〇）年八月二十三日条に出てきます。『吾妻鏡』はのちに編纂したものであることを考えておかなくてはならないけれども、挙兵した頼朝を攻めた大庭景親(48)の軍勢の中に頼朝に志を通じた飯田五郎家重という人がみえ、頼朝のなくした念珠をみつけて大変信頼を得ていますが、富士川の戦いで、平氏方の伊藤武者次郎と戦ってこれを討ち取り頼朝に大変な武者だといわれるところから始まります。このとき、子息の飯田太郎は戦死しています。またもう一つ『吾妻鏡』で出てくるのは、文治《ぶんじ》四（一一八八）年六月五日条に飯田次郎が、勝長寿院《しょうちょうじゅいん》(49)の橋が落下した際、たまたま宿直をしており、見事な水練で橋を押さえたという記事です。

ただ、本拠が相模らしいということは大庭景親に属した人々に相模の人が多く飯田郷もありますから、相模に本拠を持ち名字の地としている武将だということは考えられます。

それともうひとつ、建治《けんじ》元（一二七五）年の六条若宮八幡宮《ろくじょうわかみやはちまんぐう》(50)の造営に関して造営費を割り当てられた御家人の名前のわかる新しい文書が国立歴史民俗博物館の所蔵している「田中文書」の中にあって最近紹介されたのですが、その中の甲斐《かい》(51)国御家人のなかに「飯田五郎跡《あと》」として飯田氏が出てきます。「跡」という形で出てくることからみて、かなり早い時期に、甲斐国の所領を持っていた可能性があると思います。

　そこで、いまのお話にでた駿河の問題ですが、駿河にももちろんかかわりをもっていたことは確実だと思うのですが、北条氏との関係についてみるとこの前後、飯田五郎家重という人が延応《えんおう》元（一二三九）年と寛元二（一二四四）年の、正月三日に、遠江《とおとうみ》五郎隆兼と遠江三郎左衛門尉と馬を引いています。この遠江氏は確実に北条氏の人ですね。つまり、飯田氏が北条氏の人と一緒に馬を引いているわけです。

笠松　そうそう。そうでした。ただし、あそこに出てくるからといって……。

網野　必ずしも北条氏の被官[52]だとはいえませんが。ただ、この記事はいまのお話の推測を裏付けることにもなるのではないかと思います。少なくとも北条氏に深く結びついている御家人であることは、まず間違いないのではないかと思いますね。しかし左衛門尉の官途[53]がもらえるのは相当のことでしょう。

笠松　何かしなければなかなかもらえないと思うんです。これは佐藤進一先生がいわれているのですけれども、北条氏の家人が御家人になるというのは大変ですが、逆に御家人が北条氏の被官になるということはざらにあることで、そのへんの区別があいまいなんですね。この場合は、地頭職をもらっているわけですから、いちおうこの時点で御家人になったんだけれども、北条氏との関係が断ち切れないという立場なのではないかとは思うんです。

網野　工藤氏もそうですからね。

笠松　とにかく『吾妻鏡』を作った時点で「甲乙人」というふうに書くのはかなりのものだと思うんですよね。それから、貞応の奉書《ほうしょ》(54)ですが、これもおもしろいですね。

網野　これは鎌倉幕府関係の文書としては非常に珍しいですね。しかし何と文書名を付けたらいいんでしょうか。前陸奥守は北条義時《よしとき》ですが……。

笠松　「奉行として」という表現が非常にあいまいで私にはよくわかりませんが……。

網野　これに似た形式の文書については橋本初子さんが論文を書いて取り上げておられますね。「御奉行候ところなり」という様式の文書がしばしばみられ、院宣《いんぜん》(55)といわれているのですが、充所の相手の地位によって院自身ではなく、院司《いんじ》(56)が自分の命令の形にして、それを家礼の奉書の形で伝えるというやり方をとっていますね。文書の名称としては「院宣」と付けていますが、通常の院宣の様式ではありません。「前陸奥守殿御奉行によって」もこれと同じですね。差出所の左衛門尉清原は義時の意を奉じていることになっているわけです。将軍の意を奉行が奉じ、それを清原がまた奉じているわけで、こうした文書形式をとっているのは飯田氏自身の立場によるのでしょうね。

笠松　もらったほうの意識というか、当時の社会通念では、みんな関東下知《げち》状とか、関東御教書で通るものかも知れませんが。しかし、こういう形態で出るというのは、何か北条氏のラインの上にのっているものだと私は思います。

網野　特異な文書だからすぐに断定はできないとしてもその推測は十分、成り立つと思います。

笠松　それでこの御教書の内容なのですが、今日とりあげる嘉禎の裁許状と全然風向きが違うんですよ。貞応の文書での松尾社の訴は三箇条です。

第一条は、「地頭名田《みょうでん》の所当を弁ぜざること」というので、これはまさに嘉禎の裁許状にかかわってくるものです。

第二条は、「神人《じにん》(57)百姓犯過《はんか》出来《しゅったい》の時、罪科に処することは左右《そう》に及ばず。しかるに、くだんの在家敷地、犯人の跡と称して押領し、所当を済ませざること」ということです。

文章の書き方は松尾社が訴えたものをそのまま引用した格好になっているんですが、それによりますと、「神人百姓犯過出来の時、罪科に処する」とありますが、罪科に処するのはだれがやるのかということになる。この場合は、地頭代が地頭検断権を発動して罪科に処することなんでしょうが、「それは左右に及ばず」ということで、それについては訴えた松尾社側も異議を唱えていないわけですね。問題は何かというと、その敷地を勝手に押領(58)してしまって、社家のほうに年貢を払わないというのがいけないということ。それともうひとつ、あとで問題になります「山河半分妨を成すの事」という条と合せて、三箇条になっています。

そうすると、「神人百姓犯過出来の時、罪科に処する」ということになると、神人百姓といったものに対する地頭検断権を承認するという態度は、嘉禎四年の裁許状のときの態度とはまるで違う。つまり、貞応の時点では、松尾社側が地頭に対してとても遠慮している。しかも山河半分の件についても地頭本人の責任を追求せず、「しかるに、地頭正員《しょういん》は定めて代官の所行《しょぎょう》を知らしめざるか」といっており、これも大変遠慮している。これを見ますと、嘉禎の相論とは社家の態度がまるで違っているといわざるを得ないのです。後に出てくる嘉禎の「百姓みな生得《しょうとく》の神人」というような理不尽ともいえるような強硬さとは全然違っています。

つまり、貞応の時点までは、飯田優位松尾社低位になっているんですね。それが、十五年後の嘉禎の相論では逆転してしまうということで、この間にいろいろなことが起こって逆転するのではないかと思うのですが、とにかくある時点までは、松尾社側のほうが、大変遠慮しなければならないような立場に立っていることは確かです。それから考えても、飯田のバックに北条氏がいたのではないかという推測が裏付けられるのではないかという気がします。はっきりしたことは何一つわかりませんけれども、そういう人物がこの相論の被告である飯田清重なんですね。

網野　それでは、一条々々具体的に検討しましょうか。

笠松　その前に、六波羅という法廷について一言しておきます。このころの六波羅の実態はどうだったかといいますと、六波羅が裁判機関として確立するのはずっと後のことなんです。この時期は何をしていたかというと、ここで問注《もんちゅう》(59)その他の予備手続きをやり、関東に裁断を仰いでいた。ですから、判決機関としては非常に微弱な権利しか持っていませんでした。したがって、そんなところに訴えても実際には役に立たないので、みんな関東にくる。関東からは裁判についてのいろいろな指令が六波羅にいっているわけですが、結局は弱い権力しか持っていない。ですから、いま残っている六波羅の裁許状を見ますと、判決らしい判決を下したのは、この嘉禎四年の件が初めてといっていいくらいなんです。

網野　その前に一通だけ、播磨の福井荘(60)に関する判決が残っていますが、内容のあるのは、この嘉禎四年の裁許状からですね。

笠松　それで、ではこの嘉禎四年という年が次の問題です。どういう年であったかというと、この年の二月に、かつて頼朝が建久六（一一九五）年に上洛したあと、はじめて将軍頼経《よりつね》が上洛します。頼経の父は九条道家《みちいえ》(61)ですが、彼はこの当時、政治的な地位に影が差してきたとはいえ、依然として京都政界を牛耳っていたといえる時代ではありました。その時代に、息子の将軍である頼経が上洛するのですが、このあと、鎌倉の将軍は一回も上洛していません。計画はあるけれども実行されていないわけで、これが最後の上洛になります。

ここでどういうことが起こったかといいますと、鎌倉幕府の組織をあげて京都に行ってしまう。執権、連署は勿論、『吾妻鏡』の記事（正月十八日条）によると、「諸人供奉《ぐふ》に漏るべからず。信濃民部《みんぶ》大夫入道行然《ぎょうねん》（評定衆《ひょうじょうしゅう》）においては御留主《おるす》に候ずべし」というわけで、評定会議メンバーをそっくり京都に連れていく。『関東評定伝』などを見ますと、「この間評定なし」となっていますが、もちろん、鎌倉では評定会議など行なうことはできないわけで、そっくりそのまま行ってしまっている。泰時は奥さんも連れていき、鎌倉幕府の上部組織は挙げて京都に行ってしまっているということです。

そして、非常に興味があるのは、その間に幕府は何をやっているかというと、安堵《あんど》(62)の下文を出したり、日常的な業務も京都に上洛した幕府の組織がやっている。そのなかで、立法もいくつかやっているのですが、そのなかで、御家人任官や、成功に関する法令などは、『吾妻鏡』によると、諸人が、頼経が京都に来ていることをいいことにして官途をもらいたいというのでたくさん来たということから起こったとある。これはいかにも京都に行ったからその必要に応じた立法とみられるのですが、そのほかに、全然京都とは関係のない立法もしている。

例えば、追加法九十三条は、証拠法の分野で、証文、証言、起請文《きしょうもん》の三つの証拠法上の価値の順列を決めたものですし、また、この年は『御成敗式目《ごせいばいしきもく》』(63)が出来てから六年経っているのですが、式目の大きな眼目の一つであった年紀法(64)の再確認みたいな立法（九十二条）も行われています。もちろん、こういう法令は、現実的な必要に迫られないで立法されるわけはないのですから、実際に京都で評定会議をひらき、そこで立法をやるというのは、それの背景になっている個別の裁判の存在を想定させるわけです。

そうしますと、この嘉禎四年という年は裁判機関としては微弱な組織であった六波羅の機能があって、その上に、本来関東の組織であったものがそのまま上洛してきて業務を行なっている。こういう二段構えになっているわけですね。

この相論は決着が十月十九日ですから、将軍頼経が京都から帰途についた直後に裁許状が出されています。だから裁判そのものはまさに将軍と幕府の組織が京都にいた、ちょうどその時期に行なわれていたことになる。裁許状そのものは六波羅の名で出ていますが、実際は幕府（関東）のイニシアチブで進行していたとみていいのではないか。こういう非常に珍しいときに行なわれているんで、松尾社がかなりの難敵である飯田を相手にするには、いい機会をとらえたのではないか、というのが私の推測なのです。この年がそういう年に当たっているというところまで申し上げておきます。

網野　評定衆(65)がすべて上洛するなどということは、このときだけでしょう。ほかに例がありますか。

笠松　ほかにそんなことはないと思います。この上洛の間に評定衆が二人亡くなっています。一人は、途中で伊勢に行って、伊勢で亡くなっています。もうひとりは京都で亡くなっている。その後、その後釜も補充しているのですが、亡くなった人も長いこと評定衆をやっている人です。そうすると、かなり老齢の人間や、病気がちの人間まで引き連れていったということになる。留守に置いていったのは、行然《ぎようねん》(66)という人物一人ぐらいですね。

網野　二階堂氏一人が残っているだけですね。不思議な話だと思うけれども……。

笠松　ちょっと不思議ですね。だから、組織を挙げて行ってしまっていることは確かなんです。

網野　それはどうしてなんでしょう。

笠松　この滞在期間が二月から十月まででしょう。

網野　この滞在も非常に長いですよね。頼朝も建久元（一一九〇）年のときは二ケ月、建久六年のときは、三ケ月ぐらいですぐ鎌倉に帰っていますね。

笠松　これが初めからの計画通りだったのかどうか。幕府が途中で費用に困ったのか、調達をやるんですよ。九州の御家人などからお金を取ったという史料が残っているんです。そういうことで、かなり長期の滞在を予定していてそのために、組織を挙げて行ったということだったのかもしれません。このために、その前の年から六波羅の邸宅を新造して作っています。そういうわけで、はっきりはわかりませんが、もともと微弱な六波羅の上にそのまま関東がやってきた。しかも、実務を行なっているということになるわけですから……。

網野　成功に関連した問題がこのときにいろいろありますね。京都で幕府と朝廷の折衝が具体的に行われたということを上杉和彦さんの論文（『日本中世法体系成立史論』校倉書房、一九九六年、第七章鎌倉幕府と官職制度）で読んだけれども、頼朝の上洛のときにもそうした折衝があったことからみてこれは非常によくわかりますけれどもね。

笠松　成功はわかるんですよ。ただ、前に挙げた証拠法みたいなのは、べつに京都にいることとは関係ない。ただ、実際の裁判処理のために、この立法をやったに違いないんですね。ですから、この裁判の判決名義人は六波羅に間違いないですが実態はどうだったか。私はかなり疑問だと思います……。

網野　こうしたことは鎌倉幕府史上唯一の事例で、たいへん重大な事態だと思うのですけれども、それについての議論はいままでやられていないんですね。政治史上の問題としても考えられていないと思いますが、私自身、ここで話しをうかがっているうちにはじめて、これは容易ならぬことだと気がつきました。

笠松　いままでの概説書でも、この時期に上洛したということは書いてあるけれども、組織を挙げて行ったということについて議論はされていないようですね。

網野　当時、九条道家と将軍頼経の関係から、笠松さんがおっしゃったように、道家が勢力を持っている時期だと思うのですが。いったい何で評定衆が全員将軍と一緒に上洛したかは、政治史上でも非常に重要なことだと思います。上杉和彦さんもこのことには気がついているのですが、あまりその意味についてはふれていませんね。

笠松　そうですね。

網野　いずれにせよ幕府にとって大きな意味があったのではないかと思いますね。そうせざるをえなかったのか。あるいは、そうすることによって、何らかの作用を京都におよぼそうとしたのか。そう考えなければ理解し難いですね。随兵の行列を見ておどろきました。執権[67]、連署[68]がみな将軍について行ってしまうということは。これ以後ないのではないですか。

笠松　鎌倉に大変な空白を残して行ってしまうわけですからね。

網野　鎌倉が安定していて、まったく心配がなかったこともあるでしょうけれども、費用だって大変かかるでしょうしね。実際、松尾社の訴訟でもこのことが問題になっていますからね。

笠松　この裁判でまったく松尾寄りの判決が出てくるのも、その一つの理由ではないかと思うのですが、そのへんは想像の域を出ませんから、何ともいえませんけれども……。

網野　そのころの時期の状況を『鎌倉遺文』で見てみたけれども、特別異常な訴訟がおこっているような様子はありませんよね。

笠松　いろいろなことをやっておりますけれども、それはないですね。

網野　ここでは、大問題があるということ以上にはいえませんが、このときの上洛は長いなという印象はぼんやりもっていたんです。

笠松　二月から十月ですから、半年以上行っているわけですね。

――　最初からご機嫌伺いということなのでしょうか。

網野　いやあ、そうではないでしょう。この時点は、後嵯峨(69)の院政期でしたか。

笠松　まだ後嵯峨にはなっていませんね。

網野　後嵯峨でないとすると、だれでしたかね。

笠松　本郷和人さんの受け売りですが（『中世朝廷訴訟の研究』東京大学出版会）、院宣《いんぜん》も綸旨《りんじ》(70)も全然出ないで、道家の文書ばかり出ているといいますから、道家が何もかもやっているという時期に当っています。それでも、上洛した翌日いきなり道家のところに行かないで、西園寺公経《さいおんじきんつね》(71)のところに行って、それから道家のところに行ったというんです。本郷さんは、そこから道家の権勢に陰りが出ているという説を唱えているんです。

網野　はあ、道家全盛期ですか。そうすると、道家を意識している可能性も十分にありますね。

笠松　頼経が承久の乱のあとで、鎌倉に来たのですが、そのときは何歳でしたかしら。

網野　頼経が来たのはたしか三歳ですよ。

笠松　十何年かかって、やっと成人したかどうかでしょう。成人するのを待ってすぐ行ったという感じですよね。

網野　親が子供の顔を見たい、あるいは子供が親の顔を見たい、という程度の話なら、幕府の機構を挙げて行くことはないですね。いずれにせよ異様な感じがしますね。

笠松　『香取文書《かとりもんじょ》』(72)に残っている史料でも、何か正当な理由があるから行かなくていいというお墨付きをもらっている御家人もいるくらいですから、行かないというのも大変なことらしい。占いとか、医者とかまでみんな引き連れて行っていますからね。

網野　陰陽師《おんみようじ》(73)も行っていますね。しかし、この上洛についての論文や議論が全然ないというのは、考えてみると大変不思議ですね。

註

（1）**六波羅**　六波羅探題のこと。地名としての六波羅の場所は現在の京都市東山区内、北は松原通から南は七条通におよぶ賀茂川東岸にあたる。承久の乱後の一二二一年に鎌倉幕府の京都における拠点として設置された。その役割などについては、一二頁、二六〜二七頁を参照のこと。

（2）**裁許状**　中世において、裁判における裁許すなわち判決の内容を記した文書。鎌倉幕府は当初政権運営の為の文書として、公家の使用していた下文《くだしぶみ》と御教書を用いていたが、両者の折衷のような形で下知状《げちじょう》と呼ばれる文書様式を採用した。裁許状のほとんどはこの下知状の方式をとっている。

（3）**松尾社**「まつのおしゃ」。現松尾大社。京都市西京区に鎮座。旧官幣大社。現祭神は大山咋神《おおやまくい》と市杵島姫命《いちきしまひめ》。古来より朝家よりの崇敬もあつい畿内を代表する神社。

（4）**丹波国雀部荘**　現京都府福知山市上佐々木、下佐々木。

（5）**宝月圭吾**　日本中世史学者　一九〇六〜八七。東大文学部教授。著書には『中世灌漑史の研究』や『中世量制史の研究』などがある。

（6）**影写本**　古文書を写本にする時の手法の一つ。実際の古文書の上に雁皮紙《がんぴし》のような薄い紙を敷いて古文書の字影をそのまま透き写しにして写本をとる。

（7）**官物**　古代律令制の下で、租税として納入され官庫に収められたものを官物と呼んだ。

（8）**社家**　時代や神社によりその実態は様々ではあるが、基本的には特定の神社に世襲的に奉仕する神職の家およびその人自体を指す。

（9）**正文**　実際に提出されたりする正式な文書。対語としては、その下書あるいは副本となる案文《あんもん》がある。

(10) **相論**　互いに論じ合うことの意味だが、この場合訴訟において争うこと。
(11) **東文書**　松尾社の社家、東家に残る文書。
(12) **山城国**　現在の京都府南部。
(13) **一宮**　平安時代中期から中世にかけて認識されるようになった国単位の神社の社格の一つ。神祇官や国司などにより公式に定められたものではないが、様々な理由から、その国の最も代表的な神社が一宮と認識され呼称された。
(14) **秦氏**　弓月君《ゆづきのきみ》を祖と伝える、日本古代に朝鮮半島から渡来した氏族。本拠地は松尾社もある山城国葛野郡であった。
(15) **紙背文書**　既にその機能を果たし終えた文書の裏を利用し、それを料紙として別の文書や日記、記録、聖教、典籍等が記された文書をいう。本来の文書の意識的な伝来とは別に、偶然にも残された場合が多く、紙背文書により史料的に価値の高い文書が現在に伝わることもある。例えば検非違使関係の文書を多数伝える〈三条家本北山抄紙背文書〉や讃岐国戸籍や明法関係文書のみられる〈九条家本延喜式紙背文書〉は、平安中期の紙背文書として著名である。
(16) **立券荘号**　荘園を成立させるための一過程。荘園の特権でもある賦課免除を認めた官符などが付与されることを立券荘号といい、立券とは官に券文を提出し、正式に認められることをいう。
(17) **伝領**　所領・家屋・文書などを受け継いで所有すること。伝承して知行すること。
(18) **惣官**　中世、職掌・芸能によって権門に奉仕した人的集団の統括者。
(19) **大禰宜職**　神職の位の一つ。往古は神主の次位、祝の上位の位置であったが、時代が下るにつれ各神社により神職の位は様々であった。例えば日吉社や平野社においては禰宜が第一の神職であり、香取社や鹿島社では大禰宜が第一であった。

(20) **別相伝** 各別相伝の略。上部権力の介入を排除して、特別に私有権の強い所領。
(21) **贄** 朝廷あるいは神社の神々に捧げる初尾。
(22) **雑掌** 荘園の荘務をつかさどる所務雑掌と裁判の当事者として役目を果す沙汰雑掌とがあり、ここでは後者。
(23) **譲状** 所有する所領や財産を相続人等に譲ることを証明した文書。
(24) **下文** 「くだしぶみ」。平安中期以降上位の者からその管轄する下位の者へ下された公的な文書のこと。文頭に「下《くだす》」とあることからこの名称となった。
(25) **梶原景時** ?〜一二〇〇。鎌倉時代の部将。父は梶原景清(景長)。石橋山の戦いにおいて源頼朝の危機を救ったことなどによって頼朝に重用された。
(26) **地頭代** 鎌倉時代、荘園の地頭の現地における代官のこと。特に御家人は複数の所領の地頭職を兼ねることがあったため、そのような場合には現地の支配や所務を執り行う地頭代が任ぜられた。地頭代は地頭の一族や有力な被官が任ぜられることが多かったが、後に商人や僧侶など一般の人も地頭代になることもあった。
(27) **北条時政** 一一三八〜一二一五。鎌倉幕府の初代執権。頼朝の妻、政子の父。
(28) **源頼家** 一一八二〜一二〇四。頼朝の長男であり、一二〇二年第二代将軍となる。一二〇三年九月、舅の比企能員と共謀し北条氏討伐を企てるものの失敗し、比企氏は滅び頼家は伊豆修善寺に幽閉され、翌年七月一八日刺殺された。
(29) **源実朝** 一一九二〜一二一九。頼朝と政子との次男であり、一二〇三年、鎌倉幕府第三代将軍となる。詩人でもあり、作品約七百首が家集『金槐和歌集』などに収められている。
(30) **駿河** 駿河国。現在の静岡県東部。
(31) **相模** 相模国。現在の神奈川県。
(32) **清見関** 駿河国(静岡県)に置かれた関。興津という宿場町の側に置かれた。

(33) **吾妻鏡**　一三世紀末から一四世紀初頭に編纂されたと考えられる、鎌倉幕府の歴史書。一一八〇年から一二六六年までの諸事を編年体で記している。

(34) **沙汰未練書**　文字通り沙汰（この場合裁判手続き）にいまだ慣れていない人の為の書物。すなわち、訴訟に関する言葉の説明や解釈を示すと同時に、訴訟にまつわる文書の文例を載せた手引書。成立は一四世紀初めとされている。

(35) **吉川家文書**　広島県周防国旧岩国藩主吉川家に伝わる文書。「大日本古文書」にも収められており、鎌倉初期から江戸初期までの吉川氏の動向を伝える。

(36) **播磨**　播磨国。現在の兵庫県西南部。

(37) **案文**　広義には、証拠の為、あるいは紛失を免れるなど様々な理由により、正式な文書すなわち正文を写した文書のこと。この場合は、文書を受取った当事者が何らかの目的で残した案文であると考えられる。ちなみに正文の下書に当る文書を「草案」「草」「土代」と呼び、また、文書そのものの意味とは関係なく書写された文書は、「写し」と呼ばれる。

(38) **本御下文**　御家人として認証された根本の下文。

(39) **得宗**　徳宗とも。鎌倉時代の執権であった北条氏の家督のことをいう。具体的には、時政、義時、泰時、時氏、経時、時頼、時宗、貞時、高時の九代を指す。

(40) **藤原頼経**　九条道家の子。

(41) **随兵**　鎌倉から室町時代にかけ、将軍の周辺警固をした武士。御家人にとってこの随兵に任ぜられることは名誉なことであった。

(42) **北条泰時**　一一八三〜一二四二。鎌倉幕府三代執権。北条義時の嫡男。連署、評定衆を設置し、いわゆる執権政治の基礎を固め、また、御成敗式目を制定した。

(43) **北条時房**　一一七五〜一二四〇。三六頁の註(27)、北条時政の三男。北条泰時とともに六波羅探題となり、北条泰時が執権となるとその連署となる。
(44) **鎌倉遺文**　故竹内理三氏の編纂した、鎌倉時代の文書を網羅する編年史料集。古文書編四二巻、補遺四巻、索引五巻。
(45) **関東御教書**　幕府が発する御教書のなかで、特に執権と連署が共に署名した文書をいう。ちなみに、南北両六波羅探題が共に署名し、六波羅探題が発給する御教書を六波羅御教書と呼ぶ。
(46) **尫弱の貧者**　おう弱とは弱々しく貧しいこと。誠に貧しき者の意。
(47) **成功銭**　官位を得る為に朝廷に支払う金銭。弘安十年の史料では兵衛尉は一〇〇〇疋。
(48) **大庭景親**　?〜一一八〇。平安時代末の平家方の武将。平家の総大将として石橋山で一旦は頼朝を破るが、富士川の戦いにおいて破れ、命を落とす。
(49) **勝長寿院**　神奈川県鎌倉市にあった寺院。一一八五年に源頼朝が建立。鎌倉時代には、鶴岡八幡宮、永福寺とともに、鎌倉の三大寺社の一つとされた。
(50) **六条若宮八幡宮**　現在は若宮八幡宮社の名称で、京都市東山区五條橋に存在する。
(51) **甲斐国**　現在の山梨県。
(52) **被官**　ここでは家臣の意。
(53) **官途**　朝廷から与えられた官位。
(54) **奉書**　「奉」はうけたまわるとも読み、奉書とは上位の者の意を承り、その侍臣等が「(主人が) 仰せになった」内容は以下のとおりであると、差出人を侍臣自身にして発する文書のこと。天皇の綸旨、上皇、法皇の院宣、鎌倉幕府の将軍の御教書などがある。
(55) **院宣**　院司が院の意を奉じて、当事者に対して自らを形式的な差出人として発給する文書。

(56) **院司**　「いんし」「いんのつかさ」。平安時代前期、嵯峨上皇の時代よりはじまる、上皇に仕えた人々の呼称。院中の諸事を司どる者、上皇の身の回りの諸事を司るもの、院内の所々を司る者など多々存在した。

(57) **神人**　神の直属民。広義では、平安時代末から室町時代にかけて活躍した、神社に奉仕し、神威を背景にして様々な職能に即した活動を遂行する、神主や禰宜等よりは下の地位に属する人々。しかしながらその役割や身分は時代や各神社により大きく異なり、松尾社の神人に関しても未だ不明な点が多い。

(58) **押領**　他人の所領などを無理やり奪うこと。押知行。横領。

(59) **問注**　平安時代から中世にかけての裁判において、訴えた者（訴人）・訴えられた者（論人）が口頭弁論をすること。裁判の原型であるが、鎌倉・室町にかけての裁判においては、まず、訴人と論人が裁判所を通して書面論争し、その後に裁判を行う場において口頭で対決するのが一般的であった。

(60) **播磨国福井荘**　兵庫県姫路市付近にあった荘園。興福寺領として成立し、その後は藤原頼長の所領であった。保元の乱で平氏に没官され、平家滅亡後は後白河院領に編入された。

(61) **九条道家**　一一九三～一二五二。九条家は藤原氏北家の嫡流で五摂家の一つ。道家はその始祖である兼実の孫。幕府と密接な関係を保った時期があり一二二一年摂政、氏長者となったが、承久の乱後には摂政を辞している。また、道家は東福寺の建立者であり、『玉蘂』の筆者でもある。

(62) **安堵**　〈安堵の胸をなでおろす〉のように現在では精神的な安心状態の表現に使われているが、本来は堵（垣）の中に安んずる、すなわち他の侵害から人身、財産が防御された状態を示す言葉であり、中世ではもっぱら所領を中心とした財産権の移転に際して、支配者、主人から被支配者、従者に与えられる法的承認行為を意味した。

(63) **御成敗式目**　貞永元（一二三二）年、執権北条泰時のイニシアチブのもとに、太田康連、矢野倫重、斉藤浄円ら法曹系評定衆を起草者として制定された五十一ヵ条の鎌倉幕府法。「貞永式目」、「関東式目」とも呼ぶ。また、現在知られている式目は貞永当時の原形ではなく、本来の五十あるいは五十一あった条文を三十五にまで統合し、現在の三十六条以下はその後の追加法が加わったとする有力な説がある。
(64) **年紀法** 二十箇年年紀法とも呼ばれ、御成敗式目の八条にも見られる、武家の土地に対する意識の一端を象徴する法。二十年の占有を、権利を証明する証文より優位におく法理。
(65) **評定衆** 評定とは、相談したり評議して善し悪しなどを決定すること。評定衆は鎌倉幕府において、承久の乱以後、執権の力が増し、様々な訴訟の採決や立法などを、北条氏を中心とした有力御家人の合議によって決定した幕府の最高機関。嘉禄元（一二二五）年に設置された。
(66) **行然** 二階堂行盛 一一八九～一二五三。一二二四年から鎌倉幕府の政所の執事。一二二五年出家。
(67) **執権** 政権をとる意。鎌倉幕府において将軍の下で、政務を統括する最高の権力者の地位。時政以後北条氏の独占。将軍の力が衰えるにつれ、政権は執権を中心に動くこととなる。
(68) **連署** 元来は、一通の文書に複数の人間が名を連ね署名し押印することを言うが、ここでは、鎌倉幕府における、執権を補佐する職の名前。時房以後北条氏の独占。
(69) **後嵯峨** 一二二〇～七二。一二四二年に即位。在位四年で上皇となる。
(70) **綸旨** 天皇の意志を、蔵人などが奉じて発給する文書。通常、天皇自らが筆を執って文書を発することがなかった為、綸旨という形式をとった。
(71) **西園寺公経** 一一七一～一二四四。源頼朝の妹婿一条能保の女と結婚。外孫頼経が実朝暗殺後将軍となり承久の乱後権勢をふるった。
(72) **香取文書** 香取神宮文書とも。千葉県佐原市に鎮座する香取神宮と神宮家などに残る古文書。
(73) **陰陽師** 日本古来のものと中国伝来のものとを折衷した呪術および占いを得意とする呪術者。陰陽寮に仕えた陰陽師は、安倍晴明で有名な安倍氏と賀茂氏の二氏が代表的であった。

2　条文を読み解く

第一条　地頭名所当年々未進の事

松尾社領丹波国雀部庄雑掌僧覚秀と地頭左衛門尉大宅光信と相論の條々

一、地頭名《じとうみよう》所当年々未進の事

右、両方を召し決するの処、子細多しと雖《いえど》も、所詮、覚秀の申すごとくんば、当庄は、天承二年日次《ひなみ》の供祭《ぐさい》ならびに御供の闕分《けつぶん》に募《つの》り、宣旨《せんじ》を下されるの後、社家一向に進退の間、庄官職《しき》下司・公文・案主を社家の成敗として、甲乙の輩《やから》に充《あ》て行ふの処、治承の乱逆のころ、地頭を諸国に補さるるの刻《きざ》み、前の神主相頼向後《きようごう》の煩《わずら》ひを断たんが為、御□□(祈禱カ)の労により、文治二年関東御下文《おんくだしぶみ》を賜はるにより、梶原景時を以て代官に補するの間、本司《ほんし》の例を守り、給田《きゆうでん》二町・名田《みようでん》八町領知の外は、敢て余事に相交はらず。しかるに景時追討の後、彼の跡と称して、飯田大五郎清重をもって、地頭職に補せらるるといへども、庄務においては、先例に任すべきの由、御下文に載せらるるの間、本司の例に違《たが》はず、然《しか》れども社家の給恩を召し改めらるる事、すべからく訴へ申すべしといへども、相頼齢《よわい》八旬の上、病床多年、東□□(西カ)□を弁ぜざるの間、愁《うれい》を懐《いだ》き年を送るといへども、庄務は景時の例を守り、新儀《しんぎ》無きの処、承久以後地頭ややもすれば非法を張行《ちょうぎょう》するにより、貞応二年新儀を停止すべきの由、関東御下知状《おんげちじょう》を申し給ふところなり。よって違乱《いらん》無きの処、地頭名田の所当年を追ってこれを対捍《たいかん》す、一年分廿五石余、承久三年より、嘉禎三年に至る、十七箇年の間、都合神用米四百廿七石余の内、所済百廿余石、未進三百余石、これ在り、当庄往代起《き》請田《しょうでん》として、敢へて所当を対捍すること無し、しかるに地頭名田に限り□□□(年貢の)未済に依り、日別《にちべつ》厳重の神用無足の由、訴へ申さんと擬《ぎ》するの処、今年、事を将軍家の御共に寄せ、非法過法の間、貞応御下知その詮無きに似るか、所詮、文治の御下文に任せ、地頭職を社家に付せらるるか、はたまた所当負累を弁済し、闕乏《けつぼう》の神事を興行し、新儀の非法を停止し、庄家の鬱訴《うつそ》を休めらるるか、両様一方に付き、御成敗を蒙《こうむ》らんと欲すと云々、光信陳じて云く、梶原追討の時、高橋合戦の忠により、親父清重□□(当庄カ)の地頭職を賜はるの間、遼遠《りょうおん》の少所たるに依り、下人一人を差し遣はすの刻み、僅かに池河の辺りの荒廃の田畠少々、本司の跡と号し分け給はるの間、地頭の得分有名無実なり、名田十町の内三丁五段卌代は、荒廃の地として、三十余年に及び畢《おわん》ぬ、然れども承久以前は、未進無きの由これを申す、仍《よ》って陳答《ちんとう》にあたはず、承久以後荒野に罷《まか》り成る田六段卌代これ在り、彼の荒れ分の所当一切之を弁済せ□(ずカ)、承久以前廿年の間、所当廿五石を切り出すの由、虚誕《こたん》なり、□切符《きりふ》を召し出さるべきなり、況《いわ》んや承久以後はその員数覚悟せざるや、代官に補さしむるの輩両三人、代々敢へて難渋すること無きの由之を申す、就中《なかんずく》貞応の御下知を賜はりながら、地頭に付せざるの条、光信尫弱《おうじやく》の貧者なり、申(ママ)し成し、子細を相ひ触れず、年序を送り、負累を積むの後、俄《にわか》に譴責《けんせき》を加へ、弁済に堪へずんば、所帯《しよたい》を改補せらるべきの由、その支度《したく》あるか、未進の有無においては、名田を検注せられ、若し実正《じつしよう》たらば、代官を召し尋ねらるべきなりと云々、覚秀重ねて申して云く、文治二年の検注の時、下司《げす》名田の取帳《とりちよう》坪付《つぼつけ》これ在り、その例に任せ、梶原多年これを領掌す、その跡を追ひ、当地頭数十年これを領知す、図帳《ずちよう》炳焉《へいえん》なり、何ぞ新儀と謂《い》はんや、その後去年嘉禎三年実検の時、地頭名の荒廃全く見及ばざるところなり、所当に応ぜざるにおいては、年来いかでか検見の愁い無きや、是一、次に所当の催促を致さず、俄に譴責を加ふるの由、吹毛《すいもう》なり、毎年催促を加へ□□□□、是二、次に廿五石の事、無実なり、切符を召し出さるべきの由これを申す、仍て建暦三年・建保二年・同三年の切符等これを進覧す、然らば、地頭名田荒廃の事、承久以前廿余年、同已《い》後十八年、相あはせて四十年の由、地頭これを申す、承久以前の名分所当は毎年廿五石の条、切符に見ゆ、しかるに乱逆以後切符を減じ、毎年僅か五・六石に過ぎざるの間、未進数百石なり、□□(その咎をカ)代官に、□□(懸くるカ)の条、その謂れなし、御式目の如くんば、本所の年貢を抑留《よくりゆう》せば、代官の所行たりと雖も、主人にその咎《とが》を懸《か》くべしと云々、件の未進においては、光信の沙汰《さた》として、弁償せしむべきなり、是三、次に貞応の御下知を光信に付せざる由の事、正文《しょうもん》においては、龜《き》鏡《けい》たるにより、社家これを留め、到来の即、案文を以て、地頭代に付さしむるの処、非法を止め畢ぬ、何ぞ御教書《みぎょうしょ》を付けざるの由、偽り申すべけんや、是四、次に名田検見の事、正検に至っては、文治・嘉禎にその節を遂げ畢ぬ、内検においては、□(損カ)亡の年と雖も、地頭代として抑留せられ畢ぬ、此の上何ぞ検見に及ぶべけんや、是五、と云々、光信重ねて陳ずる如くんば、未進の負累数百石の上、地頭の非法の由、訴訟あるに就き、御教書を成し下さるるの処、その状を付けざるの間、これを知らず、即ち請文を進めざるの事、恐れと歎きと相半《なかば》するか、遼遠の少所、自身は所務に交はらず、所当対捍の由、訴訟あらば、不日《ふじつ》代官を勘発し、その□□(沙汰カ)を致す処、御教書を付けざるの間、貞応より去年に至るまで、負累数百石の由、只今これを承《うけたま》はる、しかるに代官の所行を以て、正員に懸くべきの由、知ると知らざると御賢察を仰ぐ所なりと云々、てへれば神主相頼の時、御祈の労に依り、地頭職を社家に付けらるるの刻み、景時を以て代官に補すの間、御勘当《ごかんどう》の後、その跡を以て清重を補せられ畢ぬ、然らば、関東御下文を帯するの地頭、一向に社恩の下司に准《じゅん》ずべからずと雖も、先例に任せ、沙汰致すべきの由、載せ下さると云々、爰《ここ》に清重と云ひ、光信と云ひ、領知既に二代、年記漸《ようや》く四十年、敢へて新儀無し、しかるに承久の比、代官非法の由、訴訟に就き、停止の御下知を成し下さるるの後、非法無きの処、今年上洛せしめ、事を御共《おんとも》に寄せ、条々の新儀を張行すと云々、甚だその謂れ無し、正治二年より、承久三年に至るまで、地頭所□（務カ）の例を追ひ、新儀有るべからず、なかんづく所当に至っては、日別厳重の御供米《おんくまい》なり、承久以前所済の例に任せ、更に対捍有るべからず、兼ねて又彼の負累三百余石においては、早く三箇年の内に弁済せしむべし、

笠松　それでは、前置きはこれぐらいにして本題に入りましょうか。

網野　一箇条、一箇条やりますか。第一条はものすごく長いですね。

笠松　第一条では、どうして神主自身が地頭職になったかという問題がまず最初だと思いますが、これはどう思われますか。松尾社の社領が治承《じしょう》の乱逆でみんなだめになってしまったのでということが記述されている史料がありましたね、

網野　松尾神社文書の養和《ようわ》元（一一八一）年の官宣旨にね。「関東反逆之後、わずかに有《たも》つところの神領皆悉《ことごと》く押領せられ、彼河《かのかわ》一所をもって毎日の供祭《ぐさい》を支へるのところ……」とあります。

笠松　松尾社の神領亡失が背景にあることは間違いないでしょうが、それにしても自身が地頭になって、地頭代に景時を引き込むという策を何故とったか、またそれがどうして可能になったか、それが全然わからない。

網野　「御祈禱《ごきとう》の労により」というのだから……。平氏が京都から西に下ったあと景時が西国に来るのは元暦《げんりゃく》元（一一八四）年で、景時は土肥実平[1]といっしょに播磨から西の諸国全体を抑える立場

に立つわけですね。播磨、美作の守護になっています。そこで、推測をすれば、平氏追討に当たっての祈禱を松尾社が力を入れてやったことから、景時とつながりができてこういう形になったのではないかということぐらいしかわかりませんね。

笠松　松尾社にとって、自分が地頭職になって、景時を代官にするというのは、もちろん景時が自分で来るわけではないけれども、景時の被官が入ってくるわけでしょう。考えてみれば、爆弾のタネを仕込んだようなものですよね。よほど自分たちのほうに自信がなければ、そんなことはやれませんよね。それでもやるということは、本当の非常手段だと思うんです。景時が代官でいるということによって、ほかの者にとってのにらみがきくのかもしれませんが……。

網野　そうではないかと思います。この時期の景時の西国に持っている力の強さを考えると、松尾社は、それぐらいの冒険をやる必要があったともいえますね。相頼という人は、相当のやり手ではないかと思います。父の頼親が最初に一生懸命所領を確保しようとしはじめるけれども、そのあとをうけて松尾社の所領を建てていくのはこの人ですからね。摂津[2]、丹波、伯耆[3]あたりの所領を確保する上で、景時を抱え込んでおけば、当面、安定するという計算もあったのではないかと思いますけれども。

笠松　まさか景時が近いうちに失脚するなんていうことは、夢にも思わないでしょうから、すごく劇的なんですよね。

網野　それはまったく思いがけないことだったでしょうね。

笠松　社家が地頭職をもらうというのは、どのくらい例があるんでしょうか。

網野　あまり気がつきませんけれど。鹿島社の大禰宜は地頭職を頼朝から寄進されていたと思います。東国の社家の場合はそうしたことがあったと思いますが、幕府と密着していなければ、社家が地頭職をもらうことは、考えられないと思います。松尾社は西国ですから多分稀有《けう》の例でしょう。御家人でも本領安堵の地頭職は数えるほどしかわかっていません。

笠松　吉川弘文館の『国史大辞典』に地頭職の表があるんですが、あれでずっと見ていったけれども、ほとんどありませんね。

網野　西国では、松浦党(4)や忽那《くつな》氏(5)のように水軍の役割を果す特別な領主しか地頭職をもらっていないですから、これはきわめて稀有な例だと思います。しかも、景時が地頭代というのは、大変に政治的な意味があるわけで、相頼という人は、鎌倉幕府にかなり信頼があったのではないでしょうか。景時を通じて頼朝の信頼を確保したという推測もできるかもしれません。

笠松　景時にしてみれば、名目上でも地頭代でしょう。地頭代というのに身分的な抵抗がないんでしょうか。

網野　あると思うけれども、それを超えてもなお、景時が松尾社につながりを持つことにプラスがあると計算したことになるでしょうね。

笠松　それで年々未進が積もったわけですけれども、この荘園は百余町(6)と出てきましたよね。これはずいぶん話が食い違っているのですね。後に飯田がもらったときは、「遼遠《りょうえん》の小所」と表現されているんですけれども、どっちが実態に近いんでしょうかね。

網野 いやいや、これはわからない……(笑)。

笠松 話があちこちに飛んでしまいますが、最初に「両方を召し決するの処」という書き出しで始まっているわけですね。要するに、対決の「申し詞《ことば》」というふうに出てくるわけなんですが、この当時の史料を見ますと、これはべつに珍しいことでも何でもない。しかしこれで訴陳抜きでいきなり対決から始まったと考えるべきかどうかは疑問です。

網野 そうですね。

笠松 第七条の薪《たきぎ》のところに「庄解《しょうげ》」という言葉が出てきます。庄解という言葉がありますから、雀部荘の解《げ》(7)ということになるわけでしょうから、最初の発端は申し状を出したということになるんでしょう。そしてそこでは、「申し詞」と対応してありますから、どういうふうな手続きで行なわれたかよくわかりませんが、最初は訴状が出て、それに対して陳状を出すということはこの頃としてはまずありえないわけで、訴状だけで、対決ということになったんだろうと思うんです。

それから、「給田二町・名田《みょうでん》八町」とありまして、給田と名田が、あとの記述になると区別がなくなり一括して十町になりますね。給田と名田とはかなり違うのかもしれませんが、ここでは大した区別はないみたいです。百余町だと十分の一に当たるわけです。

網野　両方とも名田といって一緒のあつかいになってしまいますね。本来なら、給田は年貢・公事免除で、給名の場合は公事は免除で年貢は出さなければいけないという違いがあるはずですからね。

笠松　そういうのが私にはよくわからないんです。地頭名《みょう》というのは、たとえば百姓名《みょう》(8)で言えば、地頭が百姓と同じ立場に立っているわけでしょう。

網野　ただ、荘官の名は公事《くじ》(9)が免除になるのがふつうですよ。百姓名は在家役(10)などの公事を負担しなければいけないのですが、地頭名(11)の場合には、公事免除、在家役免除が原則だと思います。

笠松　そうすると、そのほかの年貢に関しては、地頭名も百姓名も同じですか。

網野　年貢は出さなければいけないはずです。だから、こういう問題が起こるのでしょう。ところが給田は年貢も免除のはずなのだけれども、それがあとになってくると「名田十町」になってしまっている。これが不思議だなと思ったんです。

笠松　あとで地頭正作《しょうさく》というのが出てくるでしょう。それらとどういう関係になっているんですか。

網野　給田は帳簿上の問題で田積だけきまっていて、特定の田地でないこともありますが、正作は実際に耕作と関係しているから、給田と正作とでは次元が違うと思います。

笠松　経営はどうなっているんですか。地頭名というものの経営はどうなっているのですか。百姓名だったら、いちおう百姓が経営主体になっているわけですね。

網野 最近では、必ずしも名と経営とは結びつかないと考えられています。
笠松 少なくもいちおう名目上はそうなっているわけでしょう。
網野 そうです。百姓名の年貢はその名主が請け負っていますからね。この場合、あとで「下司名《げす》(12)」田を百姓に充《あ》て作るべき由の事」とありますよね。下司名が地頭名になったのでしょうね。地頭名がかつての下司名の形でここで出てくるわけですが。「正作」は地頭の直営地であることは間違いないですよ。
笠松 直営地というのは、年貢はどうなるのですか。
網野 名田を正作にしているならば、名田の斗代《とだい》によって年貢を出さなければならないでしょうね。しかし、給田ならその必要はないはずです。ただ地頭給や地頭名は二町とか八町とか、割り切れる数が多いので、とくに給田は計算上の田数の場合がみられます。だから給田二町といっても、特定の田地がきまっていない、いわゆる「浮免《うきめん》」(13)である場合もあるのです。この荘園の場合はどうだったかよくわかりませんけれども。
笠松 これは十町で二十五石出しているんですよね、そうすると、一町について二・五石出しているわけです。そうすると、このころからいうと、地頭の手元に残るのはどのくらいのことになるのですか。
網野 それはわかりませんね。

笠松　大まかでいいんだけれども……。
網野　十町について二十五石ですから。一反[14]については……？
笠松　一町について二・五石だから、一反ならば……。
網野　二斗五升でいいことになりますが、これは斗代としては非常に低いですね。どれぐらい残るかはわからないけれど、百姓名の斗代は、三斗代から、五斗代、かなり高くても一石ですね。だから二斗五升は非常に低い斗代だと思いますね。ただ地頭名が八町なら三斗代より少し多いことになりますが、それでも高い方ではありません。とすると地頭の手元にはかなり残ると考えてよいのではないかしら。

そこでこれからの問題の論点を解説しておいたらどうでしょう。

笠松　最初の「日次《ひなみ》の供祭《ぐさい》」がわからないのですけれども、丹波から京都の松尾社まで、日次の供祭といって、毎日の魚を取って、松尾社に供えるわけですね。地理的にいって、そういうことは可能なんでしょうか。生の魚を持ってくるわけでしょう。
網野　本来、贄は生の魚のはずですが、川を遡って持っていっているのでしょうか。急げば不可能ではないでしょうね。
笠松　ここしかないと言っているんですから、松尾社としては、供え物は欠かせないわけでしょう。あとで魚の話が出てきますけれども、非常に初歩的な話ですが、生のまま京都まで持ってこなければ役に立たないわけですよね。

網野　松尾社は、京都の西寄りで時代が降ると、大堰《おおい》（大井）川で鵜飼をやっています。それまでは、天田川といわれた由良川を遡れるところまで遡れば、不可能ではないと思いますよ。もっとも山をこえなければならないでしょうか。

笠松　川を船で遡れるのですか。

網野　由良川なら可能だと思います。そうして陸を少しいって保津川を下れば、不可能ではないと思います。

笠松　一般に神社の供祭というのは、遠隔の地から運んでくるような例がありますか。

網野　もちろんそれほど遠いところからは運びませんが、天皇への贄《にえ》は志摩や和泉の海民が負担していますから、すべて完全に生魚といえるかどうかはわかりませんね。多少とも加工している可能性があると思います。それとは違う問題ですが、本来荘官職《しょうかんしき》(15)は社家の成敗《せいばい》(16)だったわけですね。治承の乱のときに相頼が祈禱の功で文治以後に関東の下文をもらってから地頭職になったのでしょう。ですから本来、下司《げす》職だったのが地頭職になるわけですね。下司職は給田二町、下司名が八町で、ほかの田畠は管掌しなかったわけですね。

笠松　これも、その前の下司というのは、どんな人間がやっていて、その人はどうなっていたんでしょうか。

網野　もちろんはっきりとはわかりませんが、寛治五（一〇九一）年十一月十五日の天田郡前貫首丹波兼定寄進状に出てくる、「天《あま》田《た》郡前貫首《ぐんぜんかんじゅ》」[17]の丹波兼定という人がいますね。よく事情はわかりませんが、この人がおそらく雀部荘の立荘に何らかのかたちで寄与していることは、間違いないと思うのです。多分、下司にはこの人と関わりのある人物がなっているのではないかと思います。郡の「貫首」だから郡司でしょうか。その跡に地頭に任命されているのですから、前司が平家に与同《よどう》[18]するとか、頼朝に敵対するとか、そういうことがないと、相頼が地頭職を与えられることは起こりえないでしょう。

笠松　だけど、社家の主張では下司は社家の成敗だったというわけでしょう。任免権を持っているとすれば、それを取り上げてしまうこともできるわけですね。

網野　もちろんそれは不可能ではない。けれども、何の罪科《ざいか》もないのに取り上げるわけにもいかないでしょう。

笠松　そこが問題ですね。

網野　だから、私は前下司が平家に与同したのではないかと思うのです。

笠松　そうなると、平家没官領《もつかんりょう》[19]になって幕府の進止領になる。そのへんが景時が地頭代になったということに関係があるのかもしれませんが、没官領になってしまったら、その時点で、一般論で言えば、社家の給恩じゃなくて幕府の給恩[20]として下司のあとに入ってくるということになりますね。

網野　だから、外部から別人が入ってくるのを避けるために相頼本人が地頭の立場に立ったとしか考えられないと思います。
笠松　まあ、そうですね。
網野　そう考えたとしても相頼が、景時とよほどしっかりしたつながりを持っていたことを前提にしないとこうした関係は理解できないですね。
ところが、そのあとに景時が追討された正治の清見関での合戦で飯田大五郎清重が戦功をあげた。
笠松　それは間違いないですね。
網野　それで景時に代わって飯田氏が地頭職に補任されたということでしょう。
笠松　社家は承久《じょうきゅう》以前は問題なかったということを盛んにいっていますね。問題がなかったというのは地頭が二十五石ずつちゃんと納めていたということでしょう。地頭はそんなものは払っていなかったというわけで、普通と話が逆なんですね。
網野　たしかに承久までは問題がなかったのに、承久の乱後、地頭の非法が顕著になるということは西国では広く見られることではありますね。そこで松尾社は貞応二年に関東下知状をもらっているのですが、この段階では、松尾社はあまり高姿勢ではなく、わりあい腰が引けた感じで地頭に対処しています。ところがそこから年を追って地頭名の所当についての対捍(21)が顕著になり一年間、二十五石余の地頭名の年貢を承久三年から嘉禎三年に至る十七年間対捍したので、四百二十七石のうち、未進が三百余石におよんだというわけです。「当庄《とうしょう》往代《おうだい》起請田《きしょうでん》として、敢へて所当を対捍すること無し」とありますが、この「起請田」は本来の「起請《きしょう》」、つまりきちんとした制度として定められ、神の権威によって裏づけられた大切な田地という意味だと思います。ところが、地頭名田に限り、年貢の未済のためにたいへん困っているうえに「今年、事を将軍家の御共に寄せ、非法過法の間、貞応御下知その詮《せん》無きに似るか」というわけです。将軍の供として上洛してきたことを理由に非法をするとしています。これは、あとの条々で出てくる人夫を徴収したりすることを含めてでしょうが、将軍のお共で京都にやってきたことを理由にして、飯田氏が非法するのに対して訴え出ていることになりますね。

笠松　元通り、地頭職をくれるか、たまったやつを払わせるか、どっちかにしてくれというのが社家の具体的な主張ですね。

網野　「地頭職を社家に付せ」という主張が出てくるのだから、やはり、本来は社家自身が地頭だったことを考えざるをえないですね。

笠松　初めは地頭職だったから、元に戻してくれというわけでしょう。

網野　そうでしょうね。しかしここでは飯田氏が正地頭になっており、光信の主張としては、「下人一人」を代官として差し遣《つか》わせているだけだということになっていますね。ところが、地頭名の田畠は池河の辺の荒廃した地で、名田「十町の内」、つまりさきほどの給田二町と名田八町のことでしょうが、そのうちの三町五段四十代《しろ》(22)は「荒廃の地」でその状況は三十余年にもおよんでいるが、承久以前は未進がないと領家側がいってくれているから、答える必要はないというわけです。しかし「承久以後、荒野に罷り成る田六段卅代これ在り。彼の荒れ分の所当一切之《これ》を弁ぜず」というわけで、荒れた田地の所当はいっさい払っていないということですかね。

ところが「承久以前廿年のあいだ、所当二十五石を切り出すの由、虚誕《こたん》なり(23)」というのはふつうとちがいます。二十五石を「切り出す」というならば切符があるはずだからそれを出せ、つまり領家の松尾社が、年貢二十五石を、承久以前に納めてきたのだというならばその証拠として、切符、徴税令書を出せというのですが、ふつうは地頭の未進に対して切符を証文とするのですが、これは逆ですね。

笠松　この切符についてぜひ伺《うかが》いたいと思っているんです。最近、この切符というのが問題になっているようですが、これで見ますと、地頭が二十五石払っているなら、その証拠の切符を出せといっている。それで松尾社側が出したわけですね。そうすると、切符というのは、当然、領家側が持っていなければならない。しかし徴税令書つまり支払命令書ならば地頭のほうへ行っているはずでしょう。それが領家のほうに残っているというのはどういうことになるんですか。もしみせるだけで領家にあるのが当然の文書なら、支払ったことの証処にはならないと思います。

網野　そうですね。切符で徴収命令を出して、それに応ずる年貢が納められたら、現在の受け取りにあたる文書の返抄《へんしょう》(24)が出されますね。返抄は間違いなく年貢を払った人が持っているはずです。ただ、切り出すというい方から見て切符は符を切ったあとの原簿が残っているのかもしれませんね。

それとも年貢を出したあとに切符は返ってくるのかな。

笠松　その「返ってくる」というのは、何で返ってくるのかしら。

網野　どうしてでしょうね。

笠松　ずっと後代のことですけれども、ほかの寺院文書でも例があるらしいのですが中世末の年貢の受取状が醍醐寺文書《だいごじもんじょ》(25)に大量に残っています。受取というのは、当然払ったほうに残っていなければ始まらないのに、払った人間は千差万別なのに一括してドカンとお寺のほうに残っているんですよ。そのへんが前から疑問に思っているのですが、それと同じように、切符というのが徴税令書だとすれば、どうなんでしょうか。

網野　当然、年貢を出す側に残らなければおかしいですよね。

笠松　これで見ると、「切符を減じて」と書いてありますよね。切符が減っているということは、納めていないという証拠に切符が残っていないということをいっているわけでしょう。そのへんはどういうことになるんでしょうかね。

網野　これは松尾社のほうのいい分ですね。だから、切符を切り出したあとの原簿なのかもしれませんね。「切る」という言葉になにかそういう意味があるのかもしれない。しかしそれだけではなく、徴収者と納入者の間に別の請負人がいて切符をもらって、実際に徴税をやる人のいることの考えられるケースが多いですね。そういう人はいろいろなところからの徴税令書を自分の手元に集めていて、彼の属している組織、例えば神人の組織の力で実際にあちこちで徴収をするというやり方をしている場合がありますね。

笠松 徴税令書を持っているということは、それをだれかから取れる権利を持っているから、それが切符が為替みたいに通用するということでしょう。

網野 そういうことです。

笠松 それとこれはどういうふうに関係するのでしょう。

網野 この切符はどういう形態かわからないけれども、徴税令書として渡された場合は、それを郡郷や荘の倉庫の管理者に見せて、米を出せということになるわけですね。それが納められれば、当然、受取は出さなければいけないから、受取はその人の手元に残っていると思います。切符はそのまま持ち帰ることもあったのでないでしょうか。ここでは為替のように動いている状況ではないですね。

笠松 でも、桜井英治さんの説（『日本中世の経済構造』）だと、切符が為替的に動くのは古い時代で、鎌倉になると、ほとんどなくなってしまうというんですがね。

網野 切符ではなく、割符《さいふ》(26)になっていくのです。ただ、ほかにも例がありますけれども、この場合、「切り出す」といういい方をしているでしょう。どうしてこういういい方が出てくるのかが問題です。

笠松 『日本国語大辞典』（小学館）で「切り出す」という言葉の例としてこの史料を挙げているんです。そして、語釈は「田地を開発して、その地に相応する年貢等を上納する」としている。

網野　それは違いますね。全体の所当の中から、地頭名について二十五石を切りあてて徴収するということなのでしょうが。「切る」という言葉はしばしば出てくるんですが、これがよくわからないのです。面白い言葉ですが、切下文《きりくだしぶみ》(27)、切符のように、あるトータルなものの一部を切って出させるという意味になるのだと思うんです。そう考えれば、全体の所当のうち二十五石だけが地頭の払うべきものになるわけですね。

笠松　そこはよくわかりませんが、そういう意味で、切符というのが、払ったか払わないかという証拠書類になるのでしょうか。切符にはいろいろな機能があるんでしょうけれども、この文書における機能の仕方というのも、一つの参考にはしなければなりませんね。

網野　台帳から符を切って出させるという意味とも考えられますが、やはり切符を提示して納められたら、それを持ち帰ってしまったのかもしれませんね。それにしてもそうした古い切符を大切に保存していたことになりますね。そうでなければ、こういうことにはならないと思います。

笠松　年貢を払ったときに、証拠がどっちにどういうふうに残っているかという、一般問題からやらないとよくわからないですね。

網野　考えてみると、そうしたことは案外厳密にやられていないですね。

笠松　どうしてやらないのか不思議ですね。

網野　切符や切下文についても本気で議論が始まったのは最近のことだし、むしろ古代史のほうで問題にされてきましたからね。

笠松　そのあとがまたちょっと面白いんですよね。貞応の下知をもらいながら「地頭に付せざるの条」というふうに書いてある。これが貞応二（一二二三）年八月二十九日という日付でいま残っている御教書[28]がそれだとしますと、充て名が飯田左衛門尉で、まさに地頭正員[29]でしょう。

その充て名が、このときは左衛門尉で、これは貞応二年だからお父さんの時代ですよね。

網野　光信ではないでしょうね。

飯田左衛門尉充の貞応の御教書を、松尾社がもらっていながら、充先の飯田のところに文書が行っていないということですね。幕府は訴えられた飯田に充てて御教書《みぎょうしょ》を出してそれを訴えた側に交付する。訴えた側、松尾社はそれを訴えられた飯田のほうに持っていって、こういう御教書が出たと通告しなければいけないわけですが、この場合は、代官には触れたけれども、地頭正員に触れなかったということですね。

笠松　この場合、地頭は自分の責任ではない。全部、地頭代の責任だという立場に一貫して立っているから、自分のところに来なかったということをいっているわけです。

網野　これも面白い問題ですね。

笠松　御教書の充て所の上に「謹上《きんじょう》」という語をつけているんです。「謹上　飯田左衛門尉」としている。これも珍しくはないけれども相当の厚礼ですね。

網野　差出所の「左衛門尉清原」との対応でしょうが、充所に「謹上」を付けるのは、関東御教書としては面白いケースだと思います。

笠松　とにかく地頭側は貞応の下知の存在を知らなかった、というわけですね。そしてこんどは、検注《けんちゅう》をや[30]ってくれと主張する。昔から二十五石なんか払っていないから検注をやってくれ、荒廃しているんだというのが、地頭側の主張なわけですね。

ここで、社家のほうのいい分だと、文治二（一一八六）年に検注をやっていて、嘉禎三（一二三七）年にまた検注をやっているといっている。文治二年は、自分が地頭職をもらって景時が入ってきたときですね。嘉禎三年というのは、秦相久《すけひさ》譲状があって、代替わりですから、両方とも正検《しょうけん》[31]をやっている。そのときに、地頭名の荒廃はまったくなかったというわけですね。

そして、次の「所当に応ぜざるにおいては、年来いかでか検見[32]の愁い無きや」というのは、面白い表現だと思うんです。要するに、所当に応じないのだったら、長年、検見をやってくれという申請をどうして出さなかったのかという意味です。

網野　これもとても面白いですね。所当に応じないのだったら、本来、検見を要求して、損亡がこれだけあるのだから年貢は出せないといわなければならないのに、一向に検見を要求しなかったということですね。

笠松　一般論としては、損亡が起こった年は検見をやってくれというのは、もちろん払うほうが申請するんですね。

網野　当然そうで、内検(33)を要求するわけです。しかしこの場合、「乱逆以後切符を減じ、毎年僅か五・六石に過ぎざるの間、未進数百石なり」ということは、さきほどの切符の話につなげていいますと、減ずる主体は、地頭側になるように見えますが、これはどうなんでしょう。

笠松　この「切符を減じ」という表現がわからないのですよ。

――切符というのはどういうものなのですか。残っているのですか。

網野　これだけのものを出せという文書で、中世後期に実物として残っているのは守護が荘園に段銭を賦課したときの留守所下文が切符といわれています。ただ、荘園に関する切符は不注意もあるでしょうがあまり見たことがないですね。国の場合、国司がこれだけのものを国から支出するようにという命令が国符(34)や国司庁宣《ちょうせん》(35)の様式で発せられますが、それも切符といっています。

――それは日付なども入っているのですか。

網野　入っています。

笠松　ここで御成敗式目第一四条を引用しています。「代官の所行たりと雖《いえど》も、主人にその咎《とが》を懸《か》くべしと云々」。この文書は、御成敗式目が出てから数年後のことですが、御成敗式目を直接に引用した文書としては、非常に早いほうだと思うのです。

嘉禎四年三月十二日の「尼光蓮申文《あまこうれんもうしぶみ》」という有名な文書があって、まさにこの将軍が在京中に出された申状なんですけれども、この中に「かつハ五十一箇條にも」という記述がある。これが、御成敗式目は本来五十一箇条あったということの大きな根拠になっているわけです。そういう意味で有名な史料なのですが、この東文書のこの部分もまた、御成敗式目が立法後数年の間にかなり有名になっているという証拠になるのかも知れません。

もう一つ、いわゆる「追加法」も意識しているという部分がこの裁許状の第二条にあります。「三代将軍の御下文を帯する地頭の得分、縦《たと》ひ多少すと雖《いえど》も」とある。この表現が非常に面白いんですね。追加法の一〇条で、貞応に出た新補率法《しんぽりつぽう》(36)の部分の条文なんですけれども、そこに「得分縦ひ減少すと雖も、いまさら加増の限りにあらず」という文章があるんです。この「得分縦ひ減少すと雖も」というのは非常に訳しにくい。立法の趣旨が現実の得分が新補率法のものより少なくても、新補率法のところまで増加させることはないという意味であることは明らかです。しかし得分が減少するということはあり得ないことで、一種の文飾とみるか、あるいは「ましおとり（優劣）」などと読むのかもしれないんですが、とにかくこの松尾社の言い分の中に、この追加法が意識されて「縦ひ多少すと雖も」という文章ができたと思うのです。そのへんから見ても、松尾社のほうは、御成敗式目はもちろんですが、追加法についても原文を持っていて、相当それに関する知識を持っていたということの証拠になるんじゃないかと思います。

前にもどって御成敗式目第十四条の規定は、動かすことができないわけです。ですから、これは非常に大きな力を持っていると思います。

話が飛び飛びになるけれども、「光信重ねて陳ずる如くんば」というところにいきますと、この表現でちょっと面白いと思うのは、「御教書を成し下さるるの処、その状を付せざるの間、これを知らず、即ち請文《うけぶみ》を進めざるの事、恐れと歎き相半するか」というところです。

網野　面白いですね。

笠松　つまり、地頭のほうからいうと、そういう御教書が来たときに請文を出さなかったということが恐れであり、知らなかったというのが嘆きなわけです。ですから、これで見ると、そういうのが来れば、請文を出すということが一応のしきたりになっていたのでしょうか。

網野　しかし、こういう場合、地頭がもし関東にいたとしたら、社家としては、その文書を地頭にどういうかたちで送るのですか。

笠松　それは送らないと思います。地頭代にやって、地頭代のほうから報告がなければ地頭は知らないというのは無理ないと思うのです。

網野　そういうことでしょうね。そうすると、地頭は正員に付さないといっているのは、松尾社に対して、手続きの不備があるといっているわけですが、それは通るんですか。

笠松　それは通らないと思います。

網野　本来は通らないわけですね。

笠松　地頭のところに知らせないというのが作為的であったかもしれませんが、そのへんはよくわかりません。
網野　「御教書を付せざるの間、貞応より去年に至るまで、負累《ふるい》数百石の由、只今これを承はる」ということで、光信としては、突然やられたという感じが強いですね。
笠松　繰り返しになりますが、先ほどふれました貞応の御教書には、松尾社のほうは「地頭正員は定めて、代官の所行を知らしめざるか」というふうに書いてあって、「その故は、前々非法の代官を皆改易《かいえき》せらるるの故なり」というふうに書いてあるわけです。知っていれば、代官をみんなクビにしている。クビにしていないということは知らなかったんだと、地頭側の立場に立って同情的にいっているのです。そこが今度はまるっきり話が違う。
網野　姿勢がガラッと変わっている。なぜ変わったかということですね。
笠松　地頭のほうは、「正員に懸《か》くべきの由、知ると知らざると御賢察を仰ぐ」と、正員に懸くべし（懸く＝責任を負わせる）ということは動かすことができないので、情状酌量してくれということをいったわけですね。
　そして、判決のほうにいきますと、「しかるに承久の比《ころ》、代官非法の由、訴訟に就き、停止の御下知を成し下さるるの後、非法無きの処、今年上洛せしめ、事を御共に寄せ」というふうになっている。この「上洛せしめ」という表現は、幕府の命令で上洛してきたというふうな表現ではおかしいと思うのです。自分勝手に、というと変だけれども、勝手に上洛してしまって、事を御共に寄せというのが……。

網野　「御共に寄せ」だから、御共についてきたことも、けっして〝合法的〟とはいえないということになりますね。

笠松　それにかこつけて、という意味なんでしょうけれど、それにしても、この表現は、幕府のほうから見ると、勝手にくっついてきたというふうに近いような表現を使っているように思うのです。

網野　これは判決文ですからね。

笠松　そして、「兼ねて又彼の負累三百余石においては、早く三箇年の内に弁済せしむべし」と、三か年のうちということを出している。

網野　この「三箇年」は、普通に出てきますか。

笠松　御成敗式目では後世で悪名高い条文なのです。式目の第五条は「諸国地頭、年貢所当を抑留せしむる事」で、最後に、「小分は早速沙汰を致すべし。過分に至っては三ケ年中に弁済すべきなり」[37]とあります。今のケースでは百何十石ですから、過分に決まっていますから、これを適用して判決は三か年中の支払いを命じたわけです。ですからこの判決はべつにどうということはないのですが、この三箇年というのがあとあとまで問題になっている。少分はすぐ払え、多ければ三年猶予、この法理が不合理だというので、北条氏が滅んだのもそれが原因だという式目注釈書の一説もあるくらいです。

式目立法者は不合理なんて夢にも思わなかったでしょうが。

註

（1）**土肥実平**　生没年不詳。平安末から鎌倉時代にかけての武将。石橋山における頼朝の敗戦の時、その退路を開いたことにより重用された。一二世紀末には没していると考えられる。

（2）**摂津**　摂津国。現在の大阪府の北西・南西部および兵庫県の東部の地域にあたる。

（3）**伯耆**　伯耆国。現在の鳥取県の西半部。

（4）**松浦党**　肥前国松浦郡（現在の佐賀県東部、長崎県）の海辺の各地に根拠をもつ一字名の源氏の一族。壇ノ浦の戦いにおいては平家方として源氏と闘ったが、鎌倉幕府成立後は御家人となり、松浦郡各地の浦々の地頭となった。

（5）**忽那氏**　中世、瀬戸内海西部、伊予国忽那諸島を拠点として活躍した豪族。鎌倉時代には御家人となり、この島々の地頭であった。豊臣秀吉の四国攻めに際して滅亡する。

（6）**百余町**　町は面積の単位。一町は十段、中世の一段は三六〇歩、それ故、一町はすなわち三六〇〇歩に相当する。現在でいうと約九九一七㎡であり、百余町は、約一〇〇haに近い。

（7）**解**　本来は、諸官庁から太政官あるいは所轄の官司に上申する時の文書様式であった。しかし平安時代以降には、官司、個人を問わず役所へ差し出す文書として用いられるようになり、解文、解状などとも呼ばれ訴状の意に多く用いられた。

（8）**百姓名**　名は荘園や国衙領において年貢や公事を徴収する際の単位ではあるが、その実体は時代によっても大きく変化している。名のうち地頭や領主が保有している名ではなく、百姓が請負っている名。この場合は、荘園の領主に対して年貢公事を負担する義務を負った。

（9）**公事**　元来は朝廷の儀式などの公務を意味したが、中世においては荘園の領主、預所、守護、地頭等が課した、本来の年貢以外の雑税や労働力の提供である夫役などを総称していう。

（10）**在家役**　中世の公領や荘園における税の一種で、公的に検注された「在家」単位に課せられた公事・夫役。

（11）**地頭名**　鎌倉時代以降における荘園や国衙領で、地頭が名の管理者すなわち名主として保有していた名のことをいう。地頭名においては荘園の本所に対して年貢は納めるが、公事などは免除されていた。

（12）**下司**　荘園において、現地で実際の荘務を行う荘官のことで、在京の荘官である上司にたいしてこのように呼ばれる。平安末には世襲・武士化して鎌倉幕府における地頭や御家人となる者が多かった。

（13）**浮免**　浮免田ともいい、雑役などの負担を免除された田のことで、特に寺社に対する雑役等が免除の対象となった。「浮」とは、対象となる土地が固定されず年ごとに移動したためこのように呼ばれ、土地が移動しない免田のことを定免と呼んだ。

（14）**反**　面積の単位。一反は一町の十分の一。

（15）**荘官職**　荘園を管理する下司・公文等の職。

（16）**成敗**　この場合、補任や没収を含めての支配権をもつこと。

（17）**立荘**　新たに荘園を公的に立ち上げること。

（18）**与同**　ある人に同意して力を貸したり、仲間になること。あるいはその人。

（19）**平家没官領**　没官領とは、平安時代後期以後、国家に対する反逆罪において、付加刑として国家すなわち官に没収された所領をいう。平家没官領とは、源平の騒乱終了後に、朝廷によって没収され、最終的に源頼朝に対して恩賞として与えられた、平家の有していた所領のことである。

（20）**給恩**　上の者から家臣など下の者に対して、所領などの物を与えること。あるいは、与えられた物のこと。

（21）**対捍**　年貢や公事、雑役等の義務を負っている者が、貢納する相手に対し積極的に履行を拒否すること。

(22)　**三町五段四十代**　一町は十段、一段は五十代。一町は約九九・一七アールであるから、三町五段四十代は、約三五五アール。
(23)　**虚誕**　事実にないことをおおげさにいったり、でたらめにいうこと。
(24)　**返抄**　請取、物品を受領したときに相手に渡す文書。
(25)　**醍醐寺文書**　京都市伏見区にある、真言宗智山派の総本山、醍醐寺に伝わる文書。東京大学史料編纂所編『大日本古文書』（家わけ文書一九）として、順次刊行中である。
(26)　**割符**　さいふ、わっぷ、わりふ、切符、切手。中世の為替手形。裏書のやり方など、現在の約束手形と似た役割を果たした。
(27)　**切下文**　摂関期・院政期に大蔵省大炊寮、率分所などが諸国に対し、年料率分などの納物の一部をわりあてて進上させるときに発した下文の様式の文書。後に、切符と呼ばれるようになった。
(28)　**御教書**　元来は参議、三位以上の貴人、あるいはそれに相当する人の仰を奉じた奉書をいう。奉書については、三八頁の註(54)を参照のこと。鎌倉幕府においては、執権や連署の奉ずる関東御教書、それに準ずる六波羅御教書、鎮西御教書などが見られ、室町幕府では将軍家御判御教書などがある。
(29)　**地頭正員**　正員地頭とも。正員とは官職などに正式に任ぜられた者で、ある職の定員内の職員のことをいう。中世においては、地頭代として現地に赴いた代官に対して、地頭に任ぜられた本人のことを、正員、あるいは、正員地頭などと呼んだ。
(30)　**検注**　荘園・公領の公的な土地調査。これによって田畠、在家、桑、漆などの樹木の面積・本数が確定され、年貢、公事等の量が定まった。
(31)　**正検**　立荘や代替りに行われる正式の検注。
(32)　**検見**　田畠を検じて見ること。それにより、作物の豊凶を検じ、租税を決定すること。

(33) **内検** 災害などによって蒙った被害を調査するために、臨時に行われた検注。
(34) **国符** 上級官司から管隷下の下級官司へ下す文書である「符」の一種。国から郡に下す符などを国符という。
(35) **国司庁宣** 在国の在庁官人に京都にいる国守がその命を伝える宣の意。大府宣もこの系統である。
(36) **新補率法** 貞応二年の宣旨に基づいて幕府が発した法令によって定められた、承久の乱以後、新たに荘園・公領に任命された地頭の得分の比率に関する法令。十一町のうち一町を地頭の免田とし、一段別に五升の加徴米を地頭の得分と定めた。
(37) **過分** 小分(ごくわずか)に対比して大量の意。

第二条　日次供祭の魚の事

一、日次供祭《ひなみのぐさい》の魚の事

右、覚秀申して云く、件の供祭、遠くは鳥羽・後白河の勅願《ちよくがん》として養和の宣旨《せんじ》亀鏡なり、近くは貞応の比、地頭の非法を停止せらるる事、関東御下知炳焉《へいえん》なり、およそ天承の昔より、嘉禎の今に至るまで、一代と雖も敢へて違乱無し、茲《ここ》に因り鵜飼《うかい》等日別の役として贄《にえ》を社家に備進するの処、山河半分の率法と称して、贄の魚を奪ひ取り畢ぬ、新補率法においては、承久以後の御下知なり、三代将軍の御下文を帯する地頭の得分、縦《たと》ひ多少すと雖も、新儀あるべからざるの処、何ぞ恣《ほしいまま》に押領を企《くわだ》つべけんやと云々、光信の陳ずる如くんば、地頭に補任せしむること四十余年、

> 鮭と云ひ、鮎と云ひ、領家・地頭相互いにこれを漁《すなど》る、しかるに今年始めて違乱の条、尤《もっと》も今案《こんあん》なり、公文・番頭ならびに鵜飼等を召し尋ねらるべしと云々、十二番頭申して云く、地頭河魚を漁る事、先例これなしと云々、てへれば贄の魚の事、領家・地頭相互ひに漁る由を称すると雖も、立て申す所の證人十二番頭等、地頭漁るの事、先例無きの由これを申す、早く正治より承久に至る、二十余年の所務の例に任《まか》せ、新儀の濫妨《らんぼう》を停止すべし、

網野　では、第二条の「日次《ひなみ》の供祭《ぐさい》の魚の事」の条ですが、この前提として養和《ようわ》元（一一八一）年九月一三日の官宣旨《かんせんじ》があります。この官宣旨で天田川は松尾社の供祭所として保証されています。たとえば、近江の安曇《あど》川が源流の最初の滴《したた》りから最後の河口にいたるまで全部賀茂社[1]の所領だといわれていますが、それと同じように、天田川は、上は社領雀部荘の境より下は丹後国の境に至るまで私の漁釣を禁じて、松尾社の供祭所とされています。川の境が国の境で限られている事例はこれだけしか知りませんが、これは逆に河川が「国領」であることを示す面白い事例だと思います。

　このように養和の官宣旨では、関東の反逆以後、神領はみな押領されたけれども、天田川については、毎日の供祭を支えてきたといっています。この官宣旨が出たのは庵我荘の荘民が前山荘《まえのやましょう》荘司《じ》為盛を語らって魚簗を打ち、その事情をたずねにいった神人《じにん》二人を殺し、数十人を刃傷したことから始まった事件がきっかけになっているのですが、とにかくこの官宣旨で天田川は松尾社の供祭所と確

認されています。しかし貞応のときにも何かありましたね。

笠松　貞応のときがさっきの関東御教書なんです。地頭が「山河半分妨となる」[2]ことが出てきます。この条の「山河半分の率法と称して」というところにあたるのですけれども、ここでぜひ網野さんにうかがいたいと思ったのは、「山河半分の率法」というのは、いうまでもなく承久乱後の新補率法に出てくるんですね。松尾社家のほうにしてみれば、山河半分というのは非常な痛手になっているようにみられます。ところが新補率法は、地頭給田であれば慣例として最大公約数的に十一町別一町であることでわかるように荘園領主に、それほど痛烈な打撃を与えるほどのこともないんですね。だいたい新補率法でも、先司の例があればそれに従い、率法は適用しないわけですね。ところがこの荘園では「山河半分」という項目が、領家側にとって非常に大きな打撃になって出てきているわけでしょう。雀部荘は、領家のいい分を信じるかぎり、それまで地頭は山河得分は零であったということなんで、これは特殊なケースなんでしょうか。

一般論として、地頭が入っているようなところは、山河半分ということが慣例であったのかどうか。地頭という名称に限りませんが、在地領主の立場からいえば、領家と半分ずつ分けるということは、かなり一般的であったのではないか。私は新補率法にそれが規定されるくらいだからそう思っていたのですけれども、ここなんかはそうじゃない。それはどういうことなんでしょうか。

網野　この問題は、神領[3]と俗人領[4]の場合との違いに関係があるのではないでしょうか。この天田川は完全に神領だというので松尾社の主張ですね。安曇川の場合も、賀茂社は川沿いの荘園が、それぞれ、所領の前の川に梁《やな》をかけることがありますが、賀茂社は神領に対する侵犯として梁を壊してしまいます。そのぐらい、神の川になっている場合は、神社側の権利が強くて山河半分にならないのではないかと思います。

笠松　そうすると、山とか川に対する在地領主の権限というのは、一般論としては個々にずいぶん違っているんでしょうか。山河半分というのは、社会的な通念として、雑令《ざつりよう》(5)の「山川藪沢の利は公私共にせよ」というんでしたっけ、そういう考え方というのが慣習的にあって、そのうえに新補率法の山河半分というのが出てきたと思っていたのですけれども。

網野　それはそうだと思いますよ。山河に関する相論については、一般的には中分《ちゆうぶん》の原則で処理する、つまり半分ずつにするという原則は在地にもはっきりとあると思います。これは少しあとの事例、鎌倉後期のことですけれども、若狭の多烏《たがらす》浦と汲部浦《つるべうら》との海や山に関わる相論についてはすべて半分ずつという、中分の法で処理されています。それと同じように、海や川や山の相論については当事者間で半分にするという原則があったのではないでしょうか。

笠松　この相論は川ですけれども、山のほうでいえば、一種の入会《いりあい》(6)の問題になってくるわけでしょう。たとえば、幕府法でも飢饉のときには山野に入れてやれというでしょう。ただし、入ってきた人間がたくさん取るのはいけなくて、応分のものを取るのを領主側がチェックするのがいけないとなっていますよね。

網野　川もそうだと思いますよ。

笠松　そういえば川もそうですよね。一般に山や川というのはどういうことになるんでしょうか。

網野　本来は、無主《むしゅ》(7)でしょうね。供祭所《ぐさいしょ》になるということ自体「無主」の形をかえた現われでしょう。俗人の私有は排除し、神の川として神に捧げる贄《にえ》を取るということですからね。この川では鵜飼が贄を出しているわけですが。この鵜飼とあとに出てくる神人とどう関連してくるのかという問題もあります。日別《にちべつ》の役《やく》として毎日鵜飼が贄を進めてきたと社家のほうはいっていますが、鵜飼は贄を出している神人といってよいと思います。

もうひとつ、ここで地頭が「鮭と云ひ、鮎と云ひ」といっていますが、鵜飼は鮭は取らないと思います。鮎はもちろん鵜飼が取ったのでしょうが、鮭を取るとすれば梁で取るのだと思います。これは地頭側の主張ですから、たぶんこれは梁を使ったのだと思います。

結局、公文(8)・番頭(9)ならびに鵜飼等を召し尋ねたところ、十二番頭たちは地頭は一切漁をやったことはないといったとありますね。

笠松　要するに、地頭側の申請した証人なんですよね。「召し尋ねらるべし」というわけですが、結果的にみてどうして地頭が自身に不利な証人を申請したのか。やぶれかぶれで地頭がこういうことをやったのか。

ちょっと考えられないですね。

網野　地頭は証人たちから完全に裏切られたことになってしまいますよね。

笠松　すっかり在地の情勢が変わってきたのを読み取れなかったのじゃないかと思うんです。

網野　あとの条々でも、同じようなことがありますね。この場合などもまさにそのことがよくわかる点だと思います。

ただ「公文・番頭ならびに鵜飼等」とあるけれども、この鵜飼は百姓でしょうかね。百姓の鵜飼もいますから……。

職能民としての鵜飼ならば確実に神人身分だと思うのですけれども、ここだけではそれがわかりません。贄を出しているわけですから、鵜飼は松尾社神人である蓋然性は大きいと思いますが、この荘に即した鵜飼と百姓との関係については、はっきりしたことはいえません。

この荘の成立の仕方についても、もともと供祭所としての川があり、鵜飼がそこで漁撈をやっていたと思いますが、そうした鵜飼たちの免田[10]から荘園ができたということも考えられないわけではないですからね。

笠松　ここではじめて「番《ばん》」というのが出てくるわけですね。この荘園は、番研究の格好の荘園になっています。

網野　これは早い時期の番でしょう。

笠松　だいたい史料が多いんでしょう。渡辺澄夫さんの本『畿内荘園の基礎構造』を何十年かぶりで出して見たら、この荘ではこのあとに番に関連してずいぶんいろいろな史料があるんです。

――番というのは何ですか。

網野　公事を均等に百姓たちに割り付けるために、負担の基礎になる田地を均等に割り当てて番を編成するんですね。そして、一か月の負担を一番割り当てるから、十二番あるわけです。

笠松　ですから、十二人番頭がいるんです。

網野　「十二番頭申して云く」というのは、十二人の番頭を証人にしたんでしょう。地頭は彼らに聞いてみたら漁をした先例がわかるはずだといったのだけれども、証人たちは全員、先例はないといったというのです。渡辺さんの引いている番についての史料は長享二（一四八八）年ですか……。

笠松　もうすこし古い史料もあるようです。そして、番には名が付属していて、それで均等名になっているみたいです。

網野　名田のシステムとは一応違うわけですね。百姓名は有力な百姓による請負の単位で、これは必ずしも均等ではないですね。

笠松　それは違うと思います。

網野　この場合は、百姓に均等な公事を課するために、名田(11)をあらためて編成しなおして番を編成し、正月は一番、二月は二番というように番頭に責任をもって負担させるわけです。

笠松　畿内荘園では、そういうケースが多く、雀部荘はそのいい例になっているみたいです。

網野　結局、ここでも、地頭側は、自分が立てた証人に全部裏切られて、完全に自分の主張は否定されてしまうわけですね。

註

(1)　**賀茂社**　ここでは上賀茂社、上賀茂神社をさす。京都市北区上賀茂本山に鎮座。

(2)　**山河半分**　新補率法で定められた、地頭得分の定めで、山野河海からの所出については、領家・国司と地頭が折半するという規定。

(3)　**神領**　特定の神社に属する領地。松尾社領、賀茂社領などのように社領とも呼ばれた。神領のあり方は、神社や時代によって様々だが、主に祭礼から日常の神事など神社を運営するための費用に用いられた。

(4)　**俗人領**　神領や寺領など寺社、仏神が所有する領地にたいし、俗人、即ち世俗の人が所有する所領。

(5)　**雑令**　大宝令・養老令において、度量衡や奴婢の管理などまとまった編目に入れることのできない雑多な規定を一つにした編目。

(6)　**入会**　漁場である海や湖や川、あるいは山林、原野などを複数の家や複数の村が協同で利用すること。村の住人全体の入会や複数の村によって利用された入会などもあった。

(7)　**無主**　特定の所有者が存在しない物。誰のものでもないこと、「公」や「神」といった観念にも通ずる。

(8)　**公文**　本来は、律令制下において公的な文書の総称であったが、中世においては主に、荘園領主から任命される在地の下級の荘官で、文書を扱うとともに、年貢や公事の徴収を行った。

(9)　**番頭**　中世の荘園において、荘園預主に対して納められる月ごとの公事・雑公事を負担する単位として定められた「番」の責任者。番頭は有力な名主から選ばれることが多かった。

（10） **免田** 荘園や国衙領において、年貢や公事を納めることを免除された田地。その年貢・公事は荘園における職務に付く人の得分や在地の寺社の経営費用に用いられることもあった。

（11） **名田** 名とは荘園や国衙領において、年貢や公事を負担する請負の単位であるが、その実体は時代によっても大きく変化している。名田とは名に編成された田地のこと。

第三条　地頭庄屋を百姓に充て造らすの事

一、地頭庄屋を百姓に充て造らすの事

右、覚秀の申す如くんば、先例僅かに草屋《そうおく》を造るの処、本宅においては薪《たきぎ》となし、五間三面の式《しき》屋《おく》を新造すべきの由、譴責《けんせき》せしむるの間、百姓等為《な》す方を失ひ、逃脱《ちょうだつ》すべきの由、申さしむるに依り、社家事の由を言上するの日、問状《といじょう》の御《み》教書《ぎょうしょ》を下さるるに就き、式屋の徴下《ちょうげ》を止むると雖も、修理においては百姓の大営なり、新儀の譴責を止められんと欲すと云々、光信の陳ずるごとくんば、庄屋を造る事、新儀に非ず、先年代官入部の初め、地頭政所亡幣《まんどころぼうへい》の間、百姓等直物《じきもつ》を出し、公文の後見刑三《こうけんぎょうぞう》男の家を買ひ取り、庄屋を造り畢ぬ、何ぞ新儀と申すべけんや、かつがつ番頭等を召し問はるべしと云々、番頭等申して云く、彼の刑三男の家を以て、庄屋を買ひ造る事これ無し、件の男の家を以て、庄内菅内村大温屋《おおゆや》を造り畢ぬと云々、てへれば然らざるの由、

番頭等これを申す、所詮、同じく新儀を止むべきなり、

網野　ここで第三条の「地頭庄屋《しょうや》を百姓に充《あ》て造らすの事」に移りましょう。これも面白い話だと思いますけれども、地頭の荘屋は、政所《まんどころ》、つまり地頭のオフィスですね。雑掌の言分では、本来は小さな草屋だったのを、本宅を薪にしてしまい、五間三面の立派な式屋《しきおく》、つまりきちんとしたオフィスを新しくつくるということで、百姓をその造営に動員して責めたてたため、百姓たちはどうしようもなくなって「逃脱」(1)してしまうと訴えた。

それに対し、問状の御教書が下ったので、地頭は式屋のための動員はやめたけれども、修理するのは百姓の仕事だというわけです。ここで「大営《だいえい》」だといっていますが、これは当然の責務ということですか。

笠松　いや、修理だって百姓にとっては大変な負担だという意味なんじゃないですか。これからそういうふうにやろうということで、実害は生じていないわけですよ。五間三面というのがよくわからないんですが……。

網野　相当大きい家だと思いますね。

笠松　かなり立派な式屋をつくろうということで、その費用なり労力なりを調達するといったので……というわけですね。次の文章、「申さしむるに依り、社家事の由を言上するの日」というのは、

社家がどちらにかかるか、「社家に申さしむるに依り」なのかはっきりしません。そして、「問状の御教書を下さるるに就き、式屋の徴下を止むる……」ということですから、問状の御教書が出たので、地頭は五間三面の式屋をつくるのをやめたわけです。

これが面白いところで、問状の御教書というのは、あくまでも幕府のほうから、こういう訴えが来ているけれども、それはどうか、ということですね。

網野　「事実《ことじち》たらば」という文書ですか。

笠松　そうではなくて、問状の御教書というのは、ただ、返答しろというものです。ところが、これで建てるのをやめてしまったというのです。これは御成敗式目第五十一条にあるように、問状の御教書の本来的ならざる効力の実例です。なぜそうなるかというと、わりあい実例があるんですね。本来からいうと、ただの事務的な文書に過ぎないのですが、幕府のほうから御教書をもらってきたということで、ものすごい威嚇力があるわけです。

網野　それを神社側が持っていって地頭側に見せるわけですね。文書は問状だけれども、背後に幕府がいるということがわかるから、地頭側はたじろいでしまうのですね。この場合はその問状で式屋の新造はやめて、地頭は修理させるというところまで後退したけれどもこれも百姓にとっては大変な負担だということですね。

笠松　これが、問状の御教書というものがいかに威力を発揮したかという一つの例になるわけですね。

網野　地頭の光信は、荘屋をつくるのはべつに新儀、新しいことではないので、さきに代官が人部(4)したときに、政所がすっかり荒れはてているので、百姓たちに「直物《じきもつ》(5)」を出させて、「公文の後見　刑《ぎょう》三男の家を買ひ取り、庄屋を造り畢《おわり》ぬ」という先例があるから、新儀ではないというわけです。そして、また地頭は「番頭等を召し問はれるべし」というのですが、これもまた裏切られてしまうことになりますでしょう。

番頭たちは、刑部三郎の略称でしょうが「刑三男」という者の家を買いとって荘屋をつくったことなどないとして、「件の男の家を以て、庄内菅内村《すがうちむら》大温屋《おおゆや》を造り畢ぬと云々」とありますから、実際は、刑三男という人の家で大湯屋をつくったというわけですね。

笠松　これも非常に珍しい事例ですね。

網野　大変に珍しい話ですね。

笠松　このころの湯屋というのは、いわゆる風呂ではないですね。スチームバスのほうでしょう。

網野　水を入れる風呂でなく、サウナのようなものだと思います。

笠松　地頭のほうは、この家で式屋をつくったといっているけれども、番頭のいい分は、サウナをつくったといっている。こんなふうに事実がまったく食い違ってしまうというのはおかしいと思うんですよ。

網野　これはたしかに異常ですね。

笠松　私は事実は一つだったんじゃないかと思うんです。地頭のほうからみれば、湯屋自身が地頭オフィスの一つの役割を果すものだと認識していたのではないか。それでないと、そんなに食い違うはずがないし、すぐ一蹴されるような明白なウソをいうはずもない。

地頭のほうも、ずいぶん具体的なんです。百姓がお金を出して、だれの家ということまでいっている。「公文の後見《こうけん》」というのがまたおかしな話ですねえ。

網野　公文とのかかわりは、あとにも出てきますが、これはポイントになるところですね。

笠松　この場合の「後見」というのは、網野さんの得意のところですね。

網野　いや、べつに得意じゃないですよ。普通の意味の「後見」ではないですか。公文と関係の深い人物で後見だったのではないかと思うけれども。

笠松　あとで公文を社家・地頭どっちが進止《しんし》(6)しているということが問題になってくるけれども、社家の進止だといっても、公文職なんかだって、代々相伝される場合もあるでしょう。相伝されれば、公文になっても、若年だったりして、職務が務められないから、必要上後見人が出てくる。そう考えるのがいちばん妥当ですよね。

網野　この文章を読んでいると、公文の後見の家は公共の建物という意識をもっていたのではないかと思います。湯屋も、当然個人のものではなくて、荘の中の公共の湯屋の建物でしょう。だから、いま笠松さんがいわれたように地頭が荘屋だと思っていたのが、じつは百姓たちは湯屋と理解していたということがいえると思いますね。あるいは実際に両方の機能を持っていたのかもしれません。ただ、荘園のなかの建築、地頭や百姓の屋の建築について、いままであまり考えられてこなかったのですが、ここには番匠《ばんじょう》(7)（大工）は出てこないでしょう。荘家も湯屋も百姓がつくっているわけです。

笠松　お金は百姓が出したのでしょう。

網野　それは古屋を買い取ったときの直物ですが、これは百姓の負担でしょうね。雑掌側は、地頭は百姓につくれといって譴責したといっているわけですね。だから、新造にせよ修理にせよ、建築に携っているのは百姓なんです。たしかに直物を出して古屋を買っているわけだけれども、百姓が新しく材木を伐り出してつくるところを古材を使うことにしたというだけで、費用を負担をしているのも、実際に家屋の建築に携っているのも百姓なんです。このごろ、いろいろ調べているうちに、考えてみると、普通の百姓が家をどうつくっていたかについての研究はどうもないようですね。いまのように大工さんが来てくれるわけではないし、職能民として給田を保証された番匠もいないわけではないとしても、百姓の家をつくってくれるはずはありません、地頭の政所新造も番匠ではなくて、百姓が行っているとすると、百姓は家を建てる相当のレベルの技術をもっていたのではないかと思っていたのですが。この記述を見て、そのことを思い出しました。

話は少しそれるけれども、百姓はそれぞれ栗林を持っているんですよ。桑や漆はばらばらに植えられているから本別に検注しているのですが、栗林は管理された林としてまとまっており、必ず何町何反何歩という面積を検注しています。だから、栗林については地子《じし》(8)とそして反別に一定量の栗が徴収されています。しかし、栗を食べるだけでなく、林に意味があるので、栗の木は間違いなく建築用材になると思います。百姓名ごとに栗林があるのですから、百姓が自分の家をつくるときには、用材として栗の木を用いているのではないかと思いますし、栗材は植林していると思いますね。だから、この場合でも、百姓が荘屋をつくるのは当然なことと地頭はいっているわけだし、そのこと自体は松尾社も否定していませんね。

それから、湯屋が村の中にあるのも面白いと思いますね。たしかに湯屋は、公共の施設となっていて、鎌倉末には、例えば正和三（一三一四）年の問注記録（「東寺百合文書」(9)ヨ函）に京都の塩小路西洞院に湯屋があって弓削島荘の代官が湯に入っている間、百姓たちが「衣装」を持って外でまもっていると話がでてきます。これは都市の中の銭湯のような湯屋ですが、この雀部荘の事例は、村の公共の湯屋としては珍しいし、早い例ではないかと思います。

笠松　この当時の湯屋などでお風呂に入るというのは、いまの入浴というのとは全然違うのでしょう。

網野　そうでしょうね。

笠松　たんに気持ちがいいからお風呂に入るというのでなくて、儀式的なものを意味しているのですよね。

網野　穢《けが》れを払うという意味があると思います。湯屋は刑罰の場所にもなるし、集会の場にもなります。

笠松　それから、饗応するような場所としても使われますね。

――大湯屋とありますから、かなり大きなものだったということでしょうか。そうすると、個人のものではないと。

網野　公共のものではないかと思います。

――公共といっても、いまの公共でだれでもというのではなくて、ある程度入れる人は限定していたのでしょうか。

網野　そこまではこれだけではわからないけれども……。菅内村という地域に限定されているから、一つだけではないかもしれません。それはよくわかりません。ただ、さきほどの京都の湯屋に入っているのは代官で、百姓は外で着物を持っているだけですから、やはり湯屋に入れる身分があったのかもしれません。

笠松　この場合は、公文の後見人の家がもともとどこかに建っていたわけでしょう。そのまま湯屋に改造したのか、買い取って古材を使ったのか……。

網野　この場合は古屋の材木を使ったのだと思いますね。多少、新しい材木を使ってつくり直したのではないでしょうか。しかし地頭が古い荘屋を薪にしてしまったというのは、それ自体、乱暴でびっくりしたけれどもね。

笠松　ここで「百姓為す方を失ひ、逃脱《ちょうだつ》すべきの由」と、「逃脱」という言葉を使っているのですね。

網野　それから、この「為す方」は「為す方」と書いてあるけれども、「なすかた」とよみますか、「せんかた」とよみますか。

笠松　ぼくは「なすかた」といいます。

網野　百姓は逃げてはいないのですよね。

笠松　逃げてはいないのです。逃散《ちょうさん》(10)とか逃脱とか、どういうところに居るのでしょうかね。

網野　山林に入るというけれども、実際にはどういうところにいるのですかね。

笠松　地頭のオフィスみたいな、こういうものの史料ってないでしょう。

網野　備中国新見《にいみ》(11)荘の地頭政所の焼き打ちしか私は知りませんね。

笠松　新見荘か。ああ、そうですね。

網野　寛正四（一四六三）年だから大分降るけれども、あの事件は非常に具体的にわかります。しかし、このときも百姓につくらせていますよ。番匠がちょっと顔を出すけれども、基本的には百姓が建てています。いまのところこれしかぼくは知らないです。だから、この雀部荘の事例は内容的に非常に面白いと思いました。

笠松　話は全然飛びますが、新見荘でたまがきの書状(12)で有名な祐清《ゆうせい》という僧が建築の現場の前を通って馬から降りなかったというので、いいがかりをつけられて殺されちゃったわけでしょう。そういうしきたりはあるのですか。つまり、建築の現場の前を通るときには馬から降りなくてはいけないというようなことは。

網野　それは大変面白い問題だけれどもぼくも知りません。ただ名主の家の図面があってここまで下馬すると書いてあります。やはり建築の場は神聖なんでしょうか。新見荘では室町時代にこの事件がきっかけで、領家方の代官祐清が地頭方の名主百姓に殺されてしまいます。

笠松　東寺《とうじ》からやってきた代官が殺されてしまうのですよね。新見荘という荘園が領家方と地頭方に分かれ、地頭方のだれかの家をつくっているときに前を通ったときに下馬しなかったというので殺されてしまう。

網野　地頭方の百姓が家をつくっていたときに領家方の代官が下馬をとがめられて殺されたので、その復讐として、領家方の三職も地頭方の政所を焼き討ちしてしまうわけです。これに対して地頭側が、もういちどつくり直せと要求し、すったもんだのすえ、結局百姓たちが作ることになります。ただ政所が焼けたときの家財の明細書が残っており。これがきわめて珍しいので有名です。しかし意外に日常の建築の研究はあまりやられていませんね。

――このころは、職業集団としての大工というのはいるのですか。

網野　もちろん番匠はいますよ。

――職業集団としての大工というのは、全国を、職を求めて移動するのでしょうか。

網野　いや、多分そうではないでしょう。荘園・公領に給田をもらって、職人として、地位を保障された番匠、鍛冶《かじ》がいますが、それほど広い範囲を動いているわけではないと思いますね。

――そうすると、地域に一つの職業集団として定住しているわけですか。

網野　定住といえるかどうかはわかりませんが、根拠地は確実にあって、あちこちの寺社や領主などの注文で仕事をしているのだと思います。だから百姓がそういう専門の番匠に注文して家をつくってもらうなどということは中世ではできないし、実際にもやっていないと思います。やはり番匠は、荘園・公領の寺社をつくる仕事が主でしょうね。地頭政所などには、番匠が来て仕事を監督してもよさそうですけれども、雀部荘の場合はそうではないですね、新見荘ではちょっと出てきます。

笠松　この場合、薪にしてしまうようなものだと、掘っ建て小屋みたいなものに住んでいたというイメージでいいのですか。普通の庶民の家なんかそういうものですか。

網野　掘っ建て柱の小屋ですね。いま、あちこちの発掘で庶民の家が出てくるけれども、庶民の家は掘っ建て柱ですから柱穴がたくさんみられます、地頭の家でも礎石を置いてつくる家でなく、掘っ建て柱ではないでしょうか。ただ新見荘の地頭政所は礎石があったようです。

笠松　興福寺《こうふくじ》の実暁というお坊さんが書いた随筆みたいな本に、人間の「八大事」を書き連ねたものがあるんですよ。たとえば、女性の大事はお産とかと書いてあるのですが、そのなかに、家をつくることが一生の大事だというふうに書いてあるのです。私のイメージとしては、当時の庶民の家なんかは掘っ建て小屋みたいだから、現代人にとって家をつくるのは大事だということはわかっているけれども、昔の人間が家をつくるのが一生の大事だというのが、どうも私にはピンとこないのですが。

網野　しかし古屋がのちのちまで使われているから大事なのでしょうね、ましてここにあるように、五間三面の家をつくるなどということになると、「修理においては百姓の大営なり」などとあるわけだから、やはり大変な大事なのでしょうね。

——五間三面の三面というのはどういう意味ですか。

笠松　三方に面しているということです。四面といったら、全部が外に接しているということですね。裏側がどうなっているのかわからないけれども……。前に庇《ひさし》の付いた廊下みたいなものが渡っていて、それで三面で、裏側が廊下が渡っていない。

——縁がめぐっているみたいな感じでしょうか。

網野　そうじゃないですか。いずれにしても、柱間が五間は相当な大きさですよ。その上いまの一間よりも一間が少し広いかもしれない。

笠松　そして、柱が六本立っていて、その間が五間あるわけですね。

網野 だから、約十メートルになりますか、それより大きいかもしれません。
笠松 面積にすると一〇〇平方メートル。
網野 これは大きいほうですね。

註

(1) **逃脱** 逃散(註(10)に同じ)。
(2) **問状** 中世の裁判において、被告に答弁書の提出を命ずる文書。
(3) **徴下** 徴収するために、何らかの命を下すこと。
(4) **入部** 現地に進入すること。国司や領主などが、自ら任国あるいは領内に入ること。
(5) **直物** 対価として引き渡す、米・銭・絹など。銭は直銭とよんで区別することもある。
(6) **進止** 文字通り進むことと止まることという意から派生して、物や人に対して完全な支配権をもつことを意味する。
(7) **番匠** 後に一般の大工の意となるが、古くは諸国から交替で京に上り、木工に寮属して宮廷の営繕に従事した工匠。
(8) **地子** 「地」が生み出す「子」。利益、上がり、が根本的な意味。時代により制度としての地子は異なるが、田畠に賦課される年貢・公事以外の負担。
(9) **東寺百合文書** 京都の東寺(教王護国寺)に伝来した文書のうちの代表的な文書群で、前田綱紀が寄進した九四の箱に整理保存された古文書。平安時代以降、中世の政治・経済・社会に関する貴重な史料を多く含む。
(10) **逃散** 中世における百姓の領主に対する抵抗手段の一つで、家や土地を棄て個人あるいは集団で逃亡すること。時代によって異なるが、逃散自体を罪に問わない事例が中世には多い。山に逃れることが多かったために「山林・山野に交わる」と表現された。
(11) **新見荘**　東寺領荘園の一つ。現在の岡山県新見市と阿哲郡神郷町にまたがる非常に大きい中世の荘園。
(12) **たまがきの書状**　寛正四（一四六三）年、備中国新見荘の東寺代官祐清が、地頭方の百姓に斬り殺されたのに対し、領家方の百姓たちが、地頭方の政所を焼き払い、大問題になったとき、現地で祐清に近侍していた女性（荘官の妹）たまがきが、祐清の死をいたみ、その遺品を自分に与えてくれるように連綿とひらがなで書き綴った書状。

第四条　段別銭三百文充て徴する事

一、段別銭三百文充て徴する事
右覚秀の申すごとくんば、地頭名田の外、庄務に相交はらざるの由、先段に申し畢ぬ、しかるに今年上洛の時、新儀を以て臨時役と号し、段別三百文を弁ずべきの由、譴責せしむると雖も、先例無きに依り、その沙汰を致さず、限り有るの所当の外、段別三百文百余町の准拠《じゅんきょ》、その積幾ばくか、尤も停止せられんと欲すと云々、光信陳ずる如くんば、件の銭の事、百姓等に対面の時、今度の御共用途《おんともようと》は、先例無しと雖も、三百文に限らず、堪へるに随ひ沙汰致すべきなりと云々、百姓の志無くんば、いかでか在京を支ふるべけんやと云々、てへれば件の銭の事、さしたる所当にあらず、何ぞ暗《あん》にその勤めを致すか、早く停止せしむべし、

笠松　その次の第四条が段別銭《たんべつせん》ですね。(1)「段別銭三百文充て徴する事」。

網野　これは上洛のための費用ということでしょうね。

笠松　ここで興味があるのは、「先例無きに依り、その沙汰を致さず、限り有る所当の外、段別三百文百余町の准拠……」ということころで、百余町あるというんですね。

網野　これでわかるんですね。百余町というのが。

笠松　段別三百文というと、計算すると大変な額なのですよ。

網野　何貫になります？

笠松　一町は十反、一貫文は千文ですから三百貫余になります。一石一貫というのが、ものすごく大ざっぱだけれども、当時の通り相場みたいなものがありますね。そうすると、一石というのは、いまの換算をすると一五〇キログラムです。六〇キロが一俵。四斗が六〇キロだから、一斗が十五キロでしょう。一石は一〇斗だから一五〇キロになります。

網野　四斗俵が六〇キロというのが、昔の標準ですからね。

笠松　面白いのは、いまでも米価の市場価格は六〇キロいくらという。一俵なんて聞いたこともない若い人はあれを不思議に思わないのかしら。

いまの米価を一キロ五百円とすると、一石が七万五千円になりますから、一石＝千文で、一文が七五円になります。この七五円に三百文を掛けますと、二万二千円ぐらいになる。これが百余町あるわけですから千段以上あるわけでしょう。段別三百文ですから、二千二百万円という額になる。

網野　すごく多額ですよね。

笠松　それに「その積《せき》幾ばくか」というけれども、これも珍しい表現ですよね。いまで言う積と同じ意味で掛け合わせたということでしょう。字引を見ても、こんな古い例では使っていません。この二千万円というのも、絶対値はほとんど問題になりませんけれども、千万円という単位はそう動かないと思うので、そうなると、ものすごい譴責《けんせき》をやったようにみえる。

ところが、実はそうではないということがわかっています。幕府の追加法三六九条、例の弘長《こうちょう》の新制中の一箇条ですが、京上役《きょうじょうやく》(2)の事という法令があります。諸国の御家人が京上の役でいろいろな役を民衆にかけるのはいけないという法令なんですが、これからどうするかというときに、京都大番役(3)に関しては、「自今《じこん》以後は段別銭三百文、このうへ五町別官駄一匹、人夫二人、これを充て催すべし。」といっている。これは幕府の新制ですから、一種の公定価格を決めたようなものだと思うのです。

地頭のほうのいい分が、段別三百文を出せというのが、あながち無茶苦茶な数字ではないということが、これによってわかるんじゃないかと思うのです。「その積幾ばくか」というので、いまいったような計算をすると、莫大な額になるから、ずいぶん非法をやったように見えるけれども、一種の公定相場みたいなものに当たっているんじゃないかという気がします。

もっともこの段別銭を地頭名田だけに掛けたのだとすれば、ずっと減って十分の一になってしまうわけです。百余町全部に掛けたとするとすごいことになる。段別の段がどこの範囲に当たるのか、基準がわかりませんけれども、段別三百文だけははっきりしているわけですね。

——当時の収穫高というのは、一反当りどれぐらいなのでしょうか。

網野　一反当り二石ぐらいといわれています、「二石佃は空佃」だという有名な表現が太良荘《たらのしょう》(4)に即してあります。二石全部年貢に取られてしまったら、あとはまったく残らないことになるということですね。斗代、一反別の年貢高は石代からありますが、石代を超える場合はかなり高い方ですね。しかし四斗俵だとすると五俵しか取れないことになるので、現在から考えると少ないですよ。ただ、これは枡の問題がありますから、二石といっても現在の二石とは違いますからすぐに少ないともいえませんけれどもね。

もう一つ、この条で面白いと思ったのは「百姓等に対面の時」とあるでしょう。地頭がやってきて、百姓に一度会っているわけですね。その対面のさいに、御共用途のことは先例はないけれども、三百文に限らず、可能な限り、出せるだけ出してくれと地頭は頼んでいるので、百姓が「志」をもって寄付をしてくれなかったら、どうして在京を支えることができるだろうかといっていますが、リアルな弁解ですよね。それにもかかわらず、裁許のほうは、「さしたる所当にあらず」といってあっさりしりぞけています。

笠松　この表現が一番最初にいいました「所当」の本来の使われ方に通じていて、「さしたる所当にあらず」ということは、根拠が薄弱なる所当だという意味になります。

網野　「何ぞ暗《あん》にその勤《つと》めを致すか」という「暗に」は、「ひそかに」とも読みますか。

笠松　「あんに」と読んだと思うのですが、これが訳しにくいんですよ。

網野　「裏で」という感じかな。

笠松　さしたる所当じゃないから、表の所当、正当な所当でなくて、内々の私のそういう務めをやるはずがないという意味なんでしょう。要するに、地頭のほうは、百姓の「志《こころざし》」を根拠にしているわけです。だから、さしたる所当じゃなくて、百姓の志だからと。この志というのは、いまでいう「お志で結構ですから」という場合の志なんです。

中世では、和与《わよ》(5)とか贈与《ぞうよ》という行為が非常に大きな意味をもっているわけですね。贈与というものが、どうしてあんな大きなウェートをもっているのかわかりませんが、贈与の根拠を成しているのが志なんです。自分が恩義を感じてだれかにものをあげたいというときに、和与というものが正当性をもつ。そういうものをもっていない和与はいけないという考え方がある。志というのは、単に好意とか、そういうものとは違う、もうすこし法的な意味をもっている言葉なんだけれども、それはさしたる所当にはならない、そういう意味の志がなければ。ということでしょう。「百姓が好意をもって自発的に出してくれなければ」といってしまうと、ちょっと違いますよね。

網野　なるほど、感じがちょっと違いますね。真宗、一向宗の財政は、基本的に「志」によって成り立っているといわれています。本願寺は、実際には正当な税金になっているのでしょうが、あくまで「志」ということになっているようです。

笠松　いまでも、「お布施はいくらでしょうか」と聞くと、「いや、お志で結構です」という。それですよね。出さなくていいとはけっしていわない。

網野　さきほど志は法的に意味を持つといわれたけれども、それにしても「さしたる所当にあらず」ということですから、きちんとした所当じゃないということになりますか。

笠松　十分な根拠をもった所当ではないということですね。「百姓等に対面の時」だから、地頭はどういう径路をたどってきたのか知らないけれども、いちおう将軍に付いてきて京都に入って、それからこの荘の現地に行った。そして、百姓に段別三百文というお金を出せということをいっている。もちろん、黙っていては出すわけないんで、百姓のところに行って、対面ということをやったんでしょうね。

網野　この時代の税金の負担について、いまでも封建領主が経済外的強制によって地代を強制的に取り上げるというとらえ方をしているのが通説だと思います。けれども、百姓は、一面でいえば、そんなにヤワではないですね。領主がやってきて百姓に対面して頼み込まなければいけない。

——ある程度定期的に対面のときというのはもたれたのでしょうか。

網野　代官は必ず荘園の現地にきてると思います。代官は百姓ときちんと付き合わなければいけないのです。正月には百姓たちと盛大に酒を飲みます。それは公的な行事の費用だから、年貢から必要経費として控除されます。年貢を倉に納めたとき、「御倉付」のときも飲むんですよ。あとはお祭りのときの費用ですね。これも公費から落とせるので、新見荘《にいみのしょう》の史料などではっきりそのことがわかります。

太良荘で建武元（一三三四）年に脇袋彦太郎《わきぶくろひこたろう》という代官が百姓たちから追放を要求されたときの理由の一つが、今年の正月に代官が提供した酒が滓《かす》を絞ったような、とんでもないまずい酒だったということなんです。それが百姓たちの代官糾弾の理由の一つになるわけです。この場合も、地頭は百姓に、頼み込むという感じでしょうね。

笠松　地頭本人に対してどういう接待をやるかという問題も起こるわけですが、地頭本人が現地にやってくるというのは、百姓の側にとってみれば大きな出来事なんで、〝ただでは返せない〟という感じですよね。

——それで志が出てくるわけですね。

網野　当然、百姓の側から接待したでしょうし地頭は志を期待するという気持ちになったんでしょうね。この表現はそういう意味でとてもリアルで面白いですね。

註

（1）**段別銭**　一段（反）ごとに徴収される銭。

（2）**京上役**　この場合、御家人が京上するとき、領内から徴集する課役。

（3）**京都大番役**　主に天皇の御所、内裏の警固役。国単位、数ヶ月単位の番役。鎌倉幕府においては、御家人の最も重要な軍役であり、それに必要な費用は自己負担であった。

（4）**太良荘**　若狭国遠敷《おにゅう》郡にあった東寺領荘園。現在の小浜市太良庄。

（5）**和与**　自発的な意志で、かつ無償で自らの財産を与える行為、すなわち贈与のこと。派生して、争いごとにおける和解を意味するようにもなった。

第五条　新儀を以て永夫を充つるの事

一、新儀を以て永夫を充つるの事、

右、覚秀の申す如くんば、社家重色《じゅうしき》の永夫《ながふ》猶《なほ》以て長日一人なり、しかるに地頭毎日九人を召し仕《つか》ふべきの由、下知の条、縦ひ先例有りと雖も、日別九人は過分なり、況《いわ》んや一切その例無きか、停止せらるべきなりと云々、光信の陳ずる如くんば、地頭職に補し四十余年の間、公私に付きて京上無し、然らば、夫役を召し仕はざるに依り、先例無きの由これを申すか、地頭の身として、いかでか人夫を召し仕はざらんやと云々、てへれば件の永夫先例無きの由、光信承伏《しょうぶく》の上は、

早く停止せしむべし、

笠松　第五条「新儀《しんぎ》を以て永夫を充つるの事」に進みましょう。まず、「永夫」は何と読むんですか。

網野　「ナガフ」でしょう。

笠松　この永夫という概念が私にはわからないのです。次の第六条に出てくる「京上夫《きょうじょうふ》」（1）とか「坂東夫《ばんどうふ》」（2）と永夫は区別してあるわけでしょう。しかも、「永夫猶以《なほもつ》て長日一人なり」とあるのですが、そのあとの部分で「四十余年の間、公私に付きて京上無し」といっている。つまり、京上がないということが理由になっている。そうすると、永夫が京上夫とどういう関係になっているのか。京上夫とか坂東夫は、当然長い夫ですよね。それと別の永夫という概念が私にはよくわからないのです。

網野　ぼくも明確にはわからないけれども、永夫、長夫に対する言葉は近夫（チカフ）です。『高《こう》野山文書《やさんもんじょ》』（3）、の紀伊国阿弖河《あてかわ》荘（4）の片仮名言上状（5）に出てきますが、近夫は本当に近所の政所に使いに行くような夫役であるのに対し、長期間にわたって長い距離のところに行くのが永夫といわれたと思います。だから、坂東夫も京上夫もいずれもが永夫の一つではないかと思って読んだのですが、違うのかな。

笠松　どうもピンと来ないんです。それだったらどうしてあとで京上夫が出てくるのに、ここに

「公私に付きて京上無し」と入ってきているのか、よくわからない。広い概念とすればどういうことはないのだけれども……。

網野　この条の中に「公私に付きて京上無し」とあるから、それに相当する夫役が永夫だと思っていたのですが、ここには賦課《ふか》の単位については何も書いてありませんね。

笠松　それは書いてありません。

網野　「……猶以て長日一人なり」。長日は「チョウジツ」と読んでいましたがナガヒとも読みますかね。

笠松　この「長日」というのはどういう概念なんですか。

網野　よくわからないけれど「長日一人」の一人に意味があって長い期間の夫役は一人ということなのでしょう。

笠松　京上なんかですと、もちろん日を越していくわけですよね。それと違って、永夫というのは、たとえば一日単位でやっても一か月使うとか、そういう意味なのか。一日単位で家に帰っても、一か月分やればそういうのを永夫というのか。そういう概念なのか、そこがはっきりわからない。

網野　多分そうでないでしょう。長期間、荘をあけて遠くへ行くから「永夫」なのだと思います。だから長日に対して「毎日九人」といっているのではないでしょうか。日別九人で、しかも恐らくは京都に通うわけだから大変な動員ということになりますね。先例がないというのは地頭に補任されてから四十年間京上夫は召仕っていない。つまり、夫役《ぶやく》を召仕っていないということで、それを雑掌が根拠にしているのですが、これもまたおかしいことで、正員《しょういん》の地頭が一度も現地に行っていないということの結果なんでしょうね。

笠松　もちろん現地に行っていないんでしょうし、「京上無し」というから京都にも行っていないわけでしょう。これは飯田という武士のことを考える場合のタネになると思うんです。普通の御家人ですと、これもはっきりはわかりませんが、だいたい京都大番役《おおばんやく》が十年に一度回ってくるというのが普通だといわれているわけです。そうすると、四十年間一回も京都に行っていないといっている。これはかなり異例だと思うんです。

今度出た『静岡県史』通史編2を見てみますと、筧雅博《かけひまさひろ》さんは、幕府成立期の政治的特殊事情によって駿河・遠江の御家人を「ついに幕府の眞の構成員たらしめなかった」と書いている。つまり、伊豆、駿河といった本当の北条の根拠地みたいなところについては、大番役そのものがかからなかったから、したがって飯田も行かなかったのか。かかっても、飯田が北条被官的色彩が強くて大番役に動員されなかったか。本当の御家人の範囲から外にはみ出ている人間だということを、この「四十余年、京上無し」ということが裏付けているのかもしれない。「かもしれない」という程度の可能性ですけれどもね。

網野　前に話をしたように、飯田氏は甲斐にも所領を持っていますね。建治の六条若宮八幡宮の造営については五貫文の用途負担をしていますから、甲斐の所領については関東公事がかかっているでしょう。

笠松　ああそうですね。だけど、あれはだいぶあとでしょう。

網野　建治元（一二七五）年ですから、どこまで遡れるかについては微妙なところもありますけれども。

笠松　たしかに四十余年といいましても、ずっと古い話から四十余年ですからね。大番役の制度そのものがいつも流動的なので、このあいだ四十年行かなかったとしても、そう不思議ではないのかもしれないけれども……。

網野　しかしそれはじゅうぶん考慮する問題点にはなりますね。

笠松　飯田を考えるときの要素にはなるのかもしれません。そうしますと、京上というのは、飯田にとっては非常に異例の事件なのではないか。将軍よりも北条氏の執権・連署が京上した、だから、このときは何が何でも行かなくてはならないということになったのではないかと思うのです。

網野　それは、当たっているかもしれませんね。この飯田のようなタイプの御家人については、鎌倉時代の早い時期にはあまり鮮明には出てきてませんね。

笠松　研究対象になっていなかったのかも知れません。西国の在国御家人というようなタイプは早くから注目されていましたが。しかしこうなると、地頭職というものがますますわからなくなりますね。いままでは、地頭職というのは御家人の象徴みたいなものだったわけですが、それもそういうことを考えるとちょっと違うし……。

網野　御家人の象徴とはいえませんね。だいたい松尾社が地頭職をもらったようなことが鎌倉初期からあるわけですからね。

笠松　とにかく六波羅ないしは幕府に対していっていっているわけですからね。四十余年間行かなかったと、自慢というか、根拠にしていっているわけですから、大番役をサボって行かなかったのだったら、そうはいえないでしょう（笑）。それはあとの坂東夫との関係もあると思います。

網野　大いに関係ありますね。しかし、「日別《にちべつ》九人」とはずいぶん取ったものですね。おそらく短期間でしょうけれども。

笠松　それから、「光信《みつのぶ》承伏《しょうぶく》の上は、早く停止せしむべし」とありますでしょう。この「承伏」という言葉遣いですけれども、当時の裁判のロジックとしてひんぱんに出てきます。つまり、光信のほうは、四十余年間行かなかった、だから夫役の先例がないと言っているのですが、どんな理由があっても、「召仕」わなかったというと、とにかくそれは「承伏」になる。

網野　現代的な意味なら、相手の言うとおりの理屈に納得するという意味で使いますけれどもね。

笠松　表面的な言葉が、そういうふうになると必ず「承伏」ということになってしまうわけです。

網野　これは、判決する側の論理ですか。

笠松　もちろん判決の論理にも使われますから、相手方の有力な論拠になるわけです。

註

（1）**京上夫**　荘官や地頭御家人が京都に上るさいに人夫として動員された百姓。

（2）**坂東夫**　御家人の鎌倉行きに徴集される百姓。

（3）**高野山文書**　高野山の金剛峯寺および山内の諸寺が所有する文書の総称。阿弖河荘も含む、高野山の諸所領に関する文書を多く含む。

（4）**紀伊国阿弖河荘**　紀伊国在田郡の荘園。現在の和歌山県清水町。高野山がこの地の領有を主張し始めるのは十二世紀の初頭頃から。

（5）**片仮名言上状**　建治元（一二七五）年にだされた紀伊国阿弖河上荘百姓の申状。

第六条　京上夫の事

一、京上夫の事、

右、覚秀申す如くんば、夫役は、梶原知行の時と雖も、敢へて勤仕《ごんし》の例無し、しかるに当地頭入部の初め、坂東夫二人一年役たるの処、百姓等その贖《あがない》として、毎年番別に夫切《ふきり》と称し、米三斗五升・紙十帖、都合米四石二斗・紙百廿帖弁済するの外、夫役無きの処、京上夫と号し少々これを催《もよお》し具《ぐ》す、剰《あまつさ》へ承久以後地頭代過分下知の間、百姓等訴へ申すに依り、在家別一年中一度定め置き畢ぬ、しかるに在家役の外、重ねて召し仕ふの間、二重の役を歎き申すの処、京都に召し留め、繋縛禁固《けいばくきんこ》するの条、以ての外の企てなり、庄民は是生得《しょうとく》の神人《じにん》なり、神職を解かず、いかでか繋縛せらるべけんや、所行の罪科軽からずと云々、光信陳ずる如くんば、坂東夫の事、清重の時、毎年四人の役たりと雖も、撫民《ぶみん》として二人を免除し畢ぬ、残り二人を沙汰致すの処、地頭代見夫《げんぶ》を止めその贖を取るか、当時と雖も見夫を召し具すべきなり、次ぎに京上夫の事、承久以前は要用に随ひ召し仕ふの処、承久以後は代官私の計ひにおいて、在家別の由、定め置くの条、その謂れ無し、然らば、同じく召し仕ふべきなり、但し京上夫を召し留め繋縛禁固の事、僅かな上洛の夫、自由に任せ逃げ下るの間、下向《げこう》の時、召し具さんため、夜戸屋《よるこおく》に籠《こ》め、これを召し置くと雖も、敢へて禁固に非ず、百姓下人云ふ甲斐無き奴原《やつばら》、いかでか神人の号有るべきかと云々、てへれば両方の申状参差《しんし》たりと雖も、所詮神人を繋縛するの条、甚だその謂れ無し、先段《せんだん》に載せる如く、正治以来承久以前の例を守り、坂東夫と云ひ、京上夫と云ひ、その沙汰致すべし、更に新儀有るべからず、

笠松　次にいきますか。同じような話ですが、ここはちょっと複雑な構成になっているんですよね。京上夫というのがあって、「勤仕《ごんし》の例無し」というふうに書いて、それから話が坂東夫と京上夫と二つ分かれている。「坂東夫二人一年役たるの処、百姓等その贖として」とある。「贖」はアガナイと読

むのでしょうが、普通は「募」という字を書くんで、めったに「贖」という字は書きませんね。

網野　その次の「毎年番別に夫切《ふきり》と称し、米三斗五升・紙十帖」というところは「夫切米」ともよめますね。

笠松　原文の「毎年番別稱夫切米三斗五升・紙十帖」というところは、「夫切米と称し、米三斗五升」と、「米」を両方にかけて二回読んでもいいわけですね。下に「紙十帖」とあるから、上に米が付いたほうがいいわけです。「米三斗五升・紙十帖」となったほうがいいわけなんで、「米」を両方に使いたい。

網野　「切」という意味がここに出てくるのも問題なんじゃないですか。

笠松　要するに、夫役を切って、その代わりに物で納めるということでしょう。網野さん、夫切米というのはほかで御覧になったことがありますか。

網野　知りません。

笠松　それが出てくるんです。最近偶然見つけたんだけれども、『壬生文書《みぶもんじょ》』(1)にあるんです。夫切《ふきり》と馬切《うまきり》と両方ある。

網野　「馬切」もあるのは面白いですね。

笠松　だから、馬も切ることができるんですね。

網野　「切」は、現代語に訳したらどうなるんでしょうね。前に出た切下文《きりくだしぶみ》、切符《きりふ》の「切」とどのように関係してきますかね。江戸時代の「切米《きりまい》」は知行所のない人に対する一種の給料です。

笠松　その場合は何を切ったわけですか。土地を切ったのですか。サラリーみたいに何人扶持《ぶち》とか、ああいう概念なんでしょうか。

網野　土地、知行所ではないかと思いますよ。

笠松　そうすると、もともとは所領でもらう代わりに米をもらうという意味ですね。ここは人間の代わりに米というわけですね。だから、切断するという意味をずいぶんいろいろな言葉に使っている。壬生文書ですが、承元《じょうげん》（一二〇七）年十二月の若狭の国富荘《くにとみのしょう》についての関東裁許状なんです。ここに「地頭得分内半分《とくぶんうち》を募り、関東夫馬切米に立用せしむべきの事」とあります。「……六石の見米を以て、一人の夫役を勤め、十餘箇年に至り、優免なきの條、すでに地頭の苛法《かほう》たり、夫といい、馬といい、件の切米……」となっています。

網野　これは面白いですね。

この第六条も「夫切と称し、米三斗」と読んだほうがいいでしょうね。これで「切」の意味がある程度明らかになりましたね。

笠松　馬も切って米になるわけでしょう。だから、どんなところにでも使えるように思いました。

網野　いまの小切手を「切る」という感覚にもつながりますね。「切」はいろいろ広がる言葉ですね。

笠松　宅切狼藉《たくぎりろうぜき》なんていうのも、もうすこし考え直したほうが、いいかもしれません。

網野　「宅切」をいまのような「切」の用法で考えると、家を壊してしまうということになりますか。

笠松　それから、坂東夫というのがよくわからないんですよ。正員《しょういん》の地頭が駿河にいるか鎌倉にいるかどうかわからないけれど、その地頭正員のために人夫を丹波から鎌倉へ連れていくというわけで、そんな遠隔から労働力をどうして使ったのか。この点はどう思われますか。

網野　これは地頭の供《とも》をしていくのでしょう。だから代官が鎌倉に行くときに連れていく坂東夫でもいいのだと思いますよ、西国の荘園でも地頭は坂東夫を召仕っている例はあります。飯田はもともと丹波に来ていないわけだから代官がつれていくことがあってもよいと思いますが。

笠松　もうすこし考えると、可能性として、ここの荘園の生産物を鎌倉に運ぶということはないんですか。だって、毎年使っているわけでしょう。二人で一年役といっているんで、生産物を向こうに持っていくということはないんでしょうか。

網野　そういう人夫を坂東夫といいますかね。

笠松　これはあとで出て来ますけれども、正員は過去に京上していないけれども、代官のほうは京上しているわけですね。代官が何のために京都に行っているのかわかりませんが、とにかく京上している。もしかしたら生産物などの売買のためかも知れません、それと同じようなことが、鎌倉に於て行われるためとは考えられませんか。そうでないと、駿河に本拠地を持っているわけですから、丹波のような遠隔の荘園から人間を動員して鎌倉に連れていくというのは、ずいぶんロスの大きな話ですよね。だから、行くのにもうすこし理由がないとおかしいのではないか。代官が行き、それについていくというならいいんですけれども。

網野　代官が鎌倉か、東国にいる正員のところに行くときに、ついていくお供はありうると思います。

笠松　代官がそんなに毎年鎌倉に行くのですか。

網野　地頭代がどういう人だったかが問題だけれども、代官は、普通、勧農《かんのう》(2)のときに一回と収納《しゅうのう》(3)のときに一回現地に行く程度でしょうね。最初の勧農のため種子農料《のうりょう》を下行《げぎょう》(4)するときに一度下り、次に年貢を収納するときに下ってくる。

笠松　あ、そうですか。代官ですら？

網野　通例はそうなんじゃないですか、地頭代は。

笠松　私のイメージとしては、この荘園には地頭代官というのが常駐しているような感じがするんですが、そうではないんですか。

網野　それは代官がどういう人だったかにもよりますが、代官の代官、つまり又代官は、現地に密着している場合が多いと思いますけれども、正式の代官は、侍《さむらい》クラスの人でしょうから、京都にいて在地との間を往来することがあったのではないでしょうか、そう考えれば、年貢を持っていかなくてもいいと思います。

坂東夫と京上夫は、当たり前のように思っていたのですが、こういう夫役がどういう理由で動員が正当化されるのか、あらためて考えてみる必要があると思います。年貢や公事を百姓がどうして出すのかという問題と同じ意味で、こういう夫役の動員の根拠をさぐる必要があると思います。年貢を運ぶ夫役は、兵士役《ひょうじやく》ともいいますね。

笠松　兵士役というのは年貢を運ぶのですか。

網野　年貢を運ぶときには、馬や船で持っていくのでしょうが、そのときに警固のためついていく人のことです。綱丁《ごうてい》は年貢を運ぶときの責任者で、荷駄《にだ》だったら頭領、船なら船頭が交通手段の管理者ですが、綱丁は兵士を統括する運送責任者で荘官のような立場に立っていると思います。ただ年貢の運送のとき一般百姓から動員するのが兵士だと思います。

京上夫、坂東夫は、そうした運送のための人夫ではなくて、「中央」の偉い人、貴人が出入するときにお供についていくという古くからの民俗的な慣習があったのではないか、と思うのですが、この当時の中心は京都と坂東、鎌倉ですね。博多もありますか。

笠松　九州では博多への上使《じょうし》(5)がありますよね。

網野　それが面白いと思うんです。坂東といえば鎌倉、京上といえば京都、博多というと宰府《さいふ》(6)、鎮西探題府で、政治の中心と往復する人のお供としてついていくことに、社会的な意味があったのではないかと思います。だから、争われるのは、人数が多いか少ないかなんですね。京上夫・坂東夫は当然あるべきものだと地頭も百姓も思っているのではないでしょうか。

笠松　そうすると、地頭代のほうは、何をしに京都に行くのかということがありますよね。物をお金に代えたりという、経済的な活動があるのではないかと思ったのです。

網野　もう少し時代が降ると年貢は現地の市で販売したりして、銭は割符《さいふ》にして送りますね、そのとき夫賃《ふちん》という形で手数料が払われていますよ。

笠松　こういうと網野さんに怒られるかもしれないけれども、丹波の現地では調達できない、京都に行って何か買ってこなきゃならないとかいうものがたくさんで、だから、物を持っていってお金に代えて何か買ってくる。プライベートには違いないけれども、京都に行く必要は、あの辺の人間にとってはあったんじゃないですかね。それだから、毎年の京上夫の必要があったと思うんです。それと似たような関係で、鎌倉へも現地の物を何か持っていくんじゃないかという気もちょっとしたのですが……。

網野　それは代官と一緒ではなくて、命令で百姓が出かけていく、という意味ですか。

笠松　そう。行ってこいということでね。これはまったくわからないのですが（笑）。

網野　ただ、「催《もよお》し具《ぐ》す」といっているから、一緒に連れていくと思ったんです。

笠松　そうか。そうですね。

網野　前から、こういう夫役のあり方を全部史料に即して洗い直して、きちんと理解したいと思っているのですが、なかなかできないでいます。ただ京上夫は、当然、鎌倉以前からあってもいいのでしょうが、坂東夫は鎌倉以後ですね、ただ史料に出てくるのはたいてい地頭と一緒にいっているんですよ。

笠松　それで、「二人一年役たるの処……夫切と称し、米三斗五升・紙十帖」なんですよね。米はわかるのですが、紙はどこでも生産されるのですか。

網野　どこでも作っていますね。紙は百姓の生業です。製紙は非常に広くやっていて、どこでも出来るといっていいと思いますが、紙が年貢になっている地域があります。但馬《たじま》がそうで、ほとんどの荘園・公領の年貢が紙になっています。

笠松　紙が年貢になっているところとならないところはどういう区別があるのですか。

網野　やはり年貢になっているのは紙の特産地で、製紙が主な生業なのではないでしょうか。田地に紙を賦課する形になっています。播磨《はりま》や備中《びっちゅう》にも紙年貢の例があります。

笠松　特産地というのは、上質の紙をつくるわけでしょう。

網野　百姓のつくる紙はそれほど上質でなくてもいいのじゃないですか。だけど、もうひとつレベルが高い檀紙《だんし》(8)などになると、「壇紙」という特別の職人がつくっていますね。ああいう厚い、堂々たる紙は職人の製紙だと思いますが、ふつうの文書を書く紙は、私の見ているかぎりではどこでもつくっているといってよいと思います。とくに特産物として目立っている国が備中、但馬で、国によって紙に個性があるようですね。

笠松　美濃とかね。紙十帖といっても、紙の質によって天地雲泥の差になるんでしょうけれども、紙十帖というのはずいぶんのものなんですか。このころの一帖というのはどのくらいなのでしょう。

網野　何枚ですかね。時代が降ると五十枚とか十枚などがありますけれど。

笠松　一般論でいうと、生身の人間が使われるということは何事にも代えがたい苦痛なわけでしょう。だから、なるべく物で代弁したいわけですよね。

網野　できることなら、ということはあるでしょうね。一年間出先に行きっきりになってしまうわけですからね。

笠松　夫役に使われるほうとしては、物に換算したいという欲求はいつもあるわけでしょうね。

網野　いままでは常識的にそう考えていたけれども、考え方を変えてみると、夫役についてそういえるかどうかはわかりませんが、これまで人間は同じところに定着しているのがプラスで、移動、遍歴はみなマイナス方向で考えられていたわけですね。だから、歴史の発展も、移動生活から定住生活へといわれて、定住のほうが発達、安定しているあり方といわれていたけれども。どうもそれだけでなくて、人間は動いて、移動しないと生きられない面もあるのじゃあないでしょうかね。

笠松　でも自由意思で動くのと動かされるのとはえらい違いでしょう。

網野　もちろんそうですが、夫役が決まった役割となっていたとすれば、地頭や代官についていって京都を見にいくとか、坂東に一緒にいって、知らない土地を知るということのもつプラスの面だってあるわけですよ。

笠松　それは考えてもみなかったな。鎌倉というところはどういうところかというのは、もちろん知りたいでしょうが。

網野　地頭と一緒についていけば名所見物もできるじゃないですか。夫役になぜ百姓が応じるのかを考えてみたんですが。唯々諾々ではないだろうけれど、お供について行って坂東から帰ってきたということが文書にも出てきますから、これも百姓の当時の旅行のひとつと考えられないかということを、この条を見ながら考えたんです。

笠松　だけど、鎌倉に行ったら生きて帰れない可能性だってあるわけでしょう。

網野　それはそうですね。この時代は旅には危険が伴うけれども、地頭や代官と一緒ですからね。

笠松　二人一年というのを四石二斗と紙百廿帖で贖うといっているけれども、これは等価じゃなければ始まらないわけでしょう。

網野　これで二人分の人間が雇えるということでしょうね。ただ、計算してみてどのくらいになるかなと思うんですが……。

笠松　紙が全然わかりませんが、四石二斗がいくらになるか計算してみると、いまの感じでいうと三十万円ぐらい。

網野　紙の値段はどのくらいですかね。

笠松　紙はまるっきりわかりませんね。ものによってえらい違いでしょう。

網野　檀紙だと非常に高いだろうけれども、この紙は百姓のつくる紙だと思いますから、それほど高くはないでしょう。しかし、それで人が二人、一年間雇えるわけなので。そういう点でも、この条の文章は面白いと思います。

笠松　夫役の代わりに米と紙を出すとか、こういう記録はあまりないでしょう。

網野　いずれはすべて銭になります。銭納になるのですが。現物を夫役の代りに出す例はあまり知りません。銭になれば事は簡単になります。

笠松　銭納になるというのは昔は進歩だと考えたのだけれども、網野さんはそうじゃないというわけですね。

網野　まったくそうでないとはいわないけれど、その「進歩」とは何かということですね。

笠松　進歩というのは、賦課される人間にとって苦痛が減ずるという意味での進歩です。

網野　それはそのとおりじゃないですか。ただ、米から銭になったから苦痛が減じたといえるかどうかはやはり問題ですね。

笠松　次にいくと、「夫役無きの処、京上夫と号し……」とあるから、地頭代のほうは京上夫といってやっている。地頭代のほうは当然京上しているんでしょうね。

網野　していると思います。

笠松　そして、「剰《あまつさ》へ承久以後地頭代過分下知《げじ》の間、百姓等訴へ申すに依り、在家別一年中一度定め置き畢《おわん》ぬ」とあって、ここで突然「在家」という表現が出てくるんです。話が厄介なんだけれども、ここはまだ坂東夫についての部分なのです。坂東夫というタイトルのなかに入ってきているわけで、坂東夫について「在家別一年中一度」というふうに決めたということですね。

この在家というのはどういうことになるんですか。この史料では公事の賦課の単位が番と在家と村と三本立てで出てくるわけですが、番のほうはわかりやすい。もともとそういうものとして形成されているわけですから、村ももちろんわかりませんが、在家というのは何なのか。在家というのを私にもわかるように説明していただくとするとどういうことなのですか。

網野　検注のとき、公的に百姓の屋敷として承認された家そのもののことだと思います。戦後いろいろな議論はありましたけれども、在家は、賦課単位になりうる家だと思います。

笠松　公事の賦課の単位ということですね。

網野　在家に賦課される在家役は基本的に公事ととらえてよいと思います。

笠松　『高野山文書』に出てくる免家《めんけ》というのがありましたね。

網野　免家は在家役が賦課されない在家で、免在家といわれていることもあります。神人・客人の在家は免在家で、そこに神人・供御人の土地制度上の特権があります。在家別にさまざまな物品や夫役を賦課する在家役は荘園・公領が公的に検注されて以来、一貫している公事だと思います。それ自体は百姓も承認しているわけでしょう。

笠松　一度、米や紙で弁済するという契約関係ができた。ところが、さらにいってきたので「二重の役と歎き申すの処」というわけです。

網野　「京都に召し留め」、そこから話がまた変わるわけですね。「繫縛禁固《けいばくきんこ》」するということになる。

笠松　ここは、総タイトル「京上夫」の中の、「坂東夫」という小項目の中に、「京上夫」が問題になるという、とても複雑な構成になっています。

網野　それがまだ続くわけですね。

笠松　「京都に召し留《とど》め、繫縛禁固するの状、以ての外の企てなり」となって、「庄民《しょうみん》は是生得の神人なり、神職を解かず、いかでか繫縛せらるべけんや」となるわけなんですが、ここのところはぜひ伺いたいところです。

地頭の反論のほうは、「百姓下人云ふ甲斐無き奴原《やつばら》、いかでか神人の号有るべきか」とあって、幕府の判決は社家の訴えをそのまま鵜呑みにして「神人を繫縛するの条」と、百姓を生得《しょうとく》の神人と認めているわけですよね。

われわれの常識からいうと、地頭の反論のほうがもっともな話で、荘民が生得の神人なんていうことはありえないと思うのですが、網野さん、神人の専門家としてどういうふうに思われますか。

網野　「専門家」というわけではないけれど、おっしゃるとおりだと思いますね。もともと神人は、公的な制度のなかで認められている人で、さきの免在家をはじめ関渡津泊の通行自由、交通税免除などの特権を持っていますが、神に直属している特別な人間であることを認められた人たちです、世俗の身分になぞらえたら侍身分です。百姓とは明確に別の身分として公的に認められているわけで、神人交名《きょうみょう》という神人の名簿がつくられ、その名簿に載っている者が神人であることが国家的に規定されています。その神人の特権はいまもいいましたが、荘園・公領のなかでは在家役が免除されています。神人の在家は特別な扱いをされていて、普通の荘民、つまり平民百姓とは結婚もしません。別籍といわれるぐらい、荘民とは離れた立場にあり、はっきりと区別されているはずです。それが本来の神人のあり方だと思います。

ところが、ここで出てくる「生得の神人」は、神領に住んでいるものはすべて神人なのだという論理で、松尾社はこうした主張をしている形跡があります。

笠松　これは石母田正さんが東大寺領でやられた寺奴《じぬ》(9)の論理と同じですね。そこに生まれついた人間は……ということで、土地の論理がそのまま人間のほうにまでかかわるという話。

網野　所領の特質がそのまま人の性格にかかわってくるということでしょうね。神領そのものが神聖な世界であるという意味を、「生得」という言葉に託しているのだと思います。

ただ、気になるのは、この荘園に鵜飼がいることです。鵜飼が百姓なのか、あるいは特別な神人なのかという点に問題があり、後者の可能性も大いにありうると思うのです。松尾社との関係ではその神の直属民として贄を捧げる集団、身分的には神人ですね。鵜飼がもしそうした神人だとしたら、前にもふれたようにこの荘園自体が鵜飼の給免田を基本にして形成されたと考えられますので、その百姓全体が本来の神人と同じ性格をもっているという論理も成り立ちます。だから、鵜飼の神人身分を、荘園全体の百姓に、拡大して解釈したという考え方も成り立たないわけではないと思います。

笠松　そうなんですよ。相論のときというのは、相手の揚げ足を取ったり、いまでも同じことだけれど、法廷技術が重要なポイントになるんですね。ただ、これなんか確かにいっただけ得だったわけですが、あまり突拍子もない非常識なことはいわない。笑われるようなことをいったって始まらないわけですから。ある種の社会的な説得力というのをもっていないことなんかいわないと思うのです。

網野　松尾社の所領そのものが神領として神聖な性格をもっているから、そこで生きる荘民は生れるからにすべて神民であるという論理が一つです。

もうひとつは、現に神人がいて、神人の所領が荘園になったのだから荘民はみな同じ神人であるというとらえ方もあったのかもしれません。荘民がすべて鵜飼ということはないと思いますけれども……。

笠松　それで、ここに「庄民」という言葉が使ってあるでしょう。これが何か特別な限定性をもっているのではないかと思うんです。もちろん、荘民という言葉はよく使っていますが、とくにここで使っていることが意味があるように思われます。地頭の反論は「百姓下人」といい換えているでしょう。判決は荘民とか何とかというのを全部省いて、いきなり「神人を繋縛……」というふうに出てきている。この荘民という言葉に特定の層を意味するようなことはありますか。

網野　それはないのではないですか。生得神人について、もうひとつ記憶しているのは、日吉《ひえ》神社(10)の大津神人(11)が「大津生得神人」といういい方をしています。大津は日吉社にとっては特別の場所ですからこういうことがいえたのかもしれません。だから、雀部荘は松尾社にとって賢人のいた特別の荘園だという方向に話をもっていこうとしているのではないでしょうか。京都の西七条に松尾の神輿《みこし》の出る御旅所《おたびしょ》があるんですよ。この場合、生得の神人だったかどうかはわからないけれども、とにかく西七条には神人がおり、これも同様だった可能性はあります。

笠松　そうすると、場所に即しているというのは、そんなに突拍子もないことではなくて……。

網野　ただ、場所そのものがよほど特別な性格を持っているということがなければ、こんなことはいえないと思いますよ。それから「神職を解かず」とありますが、これは神人を処罰するときのやり方ですね。

笠松　ここを伺おうと思ったんです。「神職を解かず」と書いてあるのだけれども、この文章そのものだと、地頭代のほうが解く可能性ももっているような書き方なんですけれども、それはありうるのですか。

網野　一般的な手続きとして、神人を処罰するときには、神人職を解いて、神との関係を切ってから、罪科に行ないますから、当然これは神社が神職を解くんです。罪を犯した神人の場合は、神職を解いて俗人にして、はじめて繋縛、処罰できるというのが普通の手続きです。

笠松　これは普通の僧侶の場合も同じですか。

網野　僧侶のときもそうだと思います。

笠松　朝廷のほうでやれば、俗人に変えてから、つまり還俗《げんぞく》させて、特別な俗名を付けて処罰するわけですね。神人もまったく同じということですか。

網野　そうだと思います。これに対して松尾社としては、すべての荘民が神人なのだという方向にもっていこうとしている。

笠松　「生得の神人」といっていて「神職を解く」としているのは矛盾していますよね。生得の神人は補任《ぶにん》(12)した神人ではないんですから。荘園領主のほうからいえば、生得であって神人を解くこともできるというのはおかしい。そんなことまでは考えてはいないんでしょうけれどもね。

網野　大変に強引なことをいっていることはたしかだけれども、神人ということになってしまえば、一度は俗人に返さなければ禁固できないということになるのでしょうね。

笠松　神人は神職を解くとどういう格好になるのですか。

網野　もともと黄衣《こうえ》を着ているし、神人の特権を象徴するいろいろなもの、例えば神木や供菜桶のようなものを持っているのだけれども、それらを全部取られてしまうと、普通の人間になるということでしょうね。

笠松　黄衣を着て白杖《はくじょう》を持っているというのが、いちばん基本的な格好ですよね。社会的にそれで神人だということがわかるわけでしょう。

網野　よくはわからないけれど、神宝《しんぽう》を持っていることもありますね。

笠松　春日社ではそれらを取り上げてしまうという例がありましたね。

網野　ここではその手続きをいっていることは間違いないです。もしわれわれが裁判官だったら、「生得の神人」を「解く」というのはどういうことかと矛盾を突くことは可能ですね。しかし、神社側の考え方は、最初から神人なのだからということから始まっているのでしょう。

この「生得の神人」は、まったくほかに用例がないわけではなくて、さきほどもいった近江大津の生得神人がいたと思います。大津は、叡山《えいざん》と日吉社と不可分な地ですね、だから北陸道諸国にいる神人も大津神人といっているのですね。

笠松　その生得の神人ではない、いいかえれば、特別なところじゃない普通の神人というのは、どういうふうにして神人になるんですか。親が神人なら子供も神人という関係ですか。普通の武士だったら、大体からいえば、親が武士ならば、よほどのことがないかぎり、生まれつき武士身分というのが一応認められていますよね。神人もそうですか。

網野　そうだと思います。

笠松　相伝《そうでん》の関係をもっているわけですか。

網野　鎌倉初期、建保二年（一二一四）、越前の敦賀《つるが》の氣比《けひ》神宮(13)の神人で、日吉神人も兼ねている中原政康という人がいます、この人に内裏大番役が備促されているんです。田中稔さんが紹介している醍醐寺の聖教の紙背文書ですが、政康は神人で「気比大菩薩奴婢」であった養父のあとをうけついで、神に一貫して仕えて、神役《しんやく》を勤めてきており、大番役は祖父のとき以来一度も勤仕したこともない、というういい方をしています。だから、神人の子供は神人ということになるのではないでしょうか。俗人の御家人ではなく神人としての特権、権利を相伝していくのだと思います。

神人はその免在家も相伝していると思いますね。ですから神人身分とともにそれに付随した権利や所領を継承することになるのではないでしょうか。

笠松　そうすると、新加《しんか》の神人というのが出てきますよね。それに対して本神人《ほんじにん》というのがある。ああいう新加のほうのは、どういうふうに新しく加わるのですか。

網野　手続きは具体的にはわからないけれども、まず神人集団のなかで承認され、そのうえで神社側が何らかの手続でそれを承認し、神人として補任すれば「新加」ということになるのではないですか。

例えば近江に菅浦《すがうら》の供御人がいますよね。早い時期には、菅浦の住人のうちの何人かの有力者だけが供御人になっていたんです。ところが、大浦との相論を通じて、建武のころ菅浦の住人はすべて供御人なることを内蔵寮が認めています。そういう形もありうるのですね。菅浦の住人はみな供御人という形になっています。どういう公的な手続きでこのようなことが行われたのかはわからないけれども、こういうこともあるわけです。

笠松 これは網野さんの一貫した説ですけれども、武士で構成されているような集団と、もうひとつ別に、天皇を頂点にした神人、供御人とか、そういうもののヒエラルヒーがあるわけでしょう。一方の武士のほうは、新加の御家人というのはどうでしょうか。もちろん幕府が認めればいいわけだけれども、集団が「お前を武士にしてやる」というようなんていうことはあるのかしら。

網野 さあ、どうでしょう。傍輩《ほうばい》の問題とも関連することだと思うけれども……。

笠松 たとえば、もとは京都から下ってきた陰陽師《おんみようじ》が御恩所領を与えられ、「陰陽師たりながら、その子息ら太刀等を帯び、ひとへに武士の如し」（吾妻鏡、文永二年五月廿三日条）といった状態を経過して、その後子孫が奉行人になった例があります。そういうのを見ると、どこがどうなってくるのかよくわからないのです。

だから、御家人になるというのは話は別ですけれども、武士身分になるということは……。

網野　武士身分といいいますか。

笠松　そういういい方はいけないのかしら。

網野　武士身分というとちょっとまずいのじゃないですか？　御家人と非御家人の問題と考えたほうがよいでしょうし、その方が神人と比較しやすいと思います。たとえば、若狭の太良荘乗蓮が「自分は御家人だ」と自称しても、「あいつは御家人ではない」と御家人全体が排除するでしょう。

笠松　だいたい御家人というのは非常にあやふやな存在で、勝手に御家人だといっても、あるときは幕府の法廷で自分が御家人であることを立証しなければならないことになるわけですが、武士というのも、社会的に認知された一つのランクでしょう。

網野　身分としては武士よりも。侍といった方が……。

笠松　あ、侍のほうがいいんだ。ごめんなさい、侍だ。

網野　侍を、どう理解するかは問題だけれども、田中稔さんの説だと、侍は位階をもっている人だといっていますね。

笠松　そうすると、侍の身分というのはどうなんだろう。どうやって侍になるか……。神人でない者が神人になるのと、侍身分でない者が侍になるのと、それは比較にならないのですか。

網野　位階の問題に関連するとすれば、位階がなければ侍にはなれないし、神人も位階を持っている人はいますよ。

笠松　幕府の組織のなかで使われる侍と諸大夫《しょだいぶ》(14)とか、ああいう区別ははっきりしています。

網野　あれは五位で分けますからね。

笠松　それは画然とした区別をつくっているわけですが……。

網野　侍と雑人《ぞうにん》ですか？

笠松　たとえば法令などで、侍は遠流にするけれども、凡下《ぼんげ》(15)はどうするとかいうでしょう。あの侍は、諸大夫・侍の侍とは違いますね。

網野　田中さんは、侍はともあれ位階をもっている人だといっており、低い位階でもいいわけです。実際散位《さんい》(16)という形で史料に出てくる神人もあります。神人は、俗体ですからね。

笠松　余計なことをいってしまいました。

網野　だいぶ話が広がってしまったけれども、神人と比較できる俗人は御家人、非御家人をふくめて侍身分だと思います。

笠松　御家人というのは、鎌倉殿をキャップにした組織でしょう。そうすると、神人のキャップは何ですか。

網野　神人は神様ですね。日吉の神や賀茂の神とか……。広くいえば神仏で、神仏を主《あるじ》にした従者ということになります。さきほどの話に戻れば、場所そのものが聖なる神の場所だから、そこにいるものも神人だというとらえ方をしようとしているのだと思いますよ。

笠松　そうすると、僧侶なんかよりもっとずっとはっきりした身分ですね。僧では私度僧《しどそう》(17)みたいに、勝手に僧になるような人がたくさんいますけれども、それとは違うのですか。

網野　僧とは違うと思います。しかしどうして僧侶になるのかも大変大きな問題で、中世の日本には、百姓のなかに僧名《そうみょう》の人がたくさんいるでしょう。そういう人たちがどのようにして僧侶になっているのかよくわかりません。沙弥《しゃみ》(18)なら出家した人ですし、法阿《ほうあ》(19)や蓮阿《れんあ》(20)のように阿弥号(21)をもった人は、浄土宗や時宗のような鎌倉仏教の教団に入っているのでしょうか。法橋《ほっきょう》(22)のような僧位をもっている百姓もいるのです。若狭の太良荘の百姓で有名な名主の、実円《じつえん》(23)、禅勝《ぜんしょう》(24)という人がいますが、いずれも法橋になっています。もちろん僧位を買うということもあっただろうと思いますけれどもね。

――仏教の関係も神人というのですか。

網野　仏の場合は寄人《よりうど》といいます。天皇の場合は供御人です。神人は基本的に神社です。仏の寄人の場合、仏の奴婢《ぬひ》、菩薩の奴婢などといわれており、例えば叡山の西塔釈迦堂の寄人といういい方をしています。寄人という言葉は一般的な言葉だったのですが、平安末期から、神に直属する神人のように、仏に直属する特別な人だけを寄人というようになったのだと思います。

――神人というのは、けっこう一般的に出てきますか。

網野　とくに西国で非常に広く出てきます。だいたいは職能民です。この場合については鵜飼のように何かしらの職能をもっています。

——職能をもってその神社に仕えているわけですか。

網野 職能に通じて仕えたり、職能に即して生産した生産物を貢納することもあります。例えば鋳物師は天皇の供御人となり、殿上の鉄燈炉を貢進しているような形ですね。

——名前だけでなく、実際の働きをするわけですね。

網野 もちろんそうです。神人は独自の組織をもっており、神社との関係では惣官《そうかん》あるいは、兄部《このこうべ》、長者といわれる最有力者が神人集団を代表しています。公家新制で定員がきまると、新加の神人になるのには特別な手続きが必要なのです。特権をもっている人たちですから、みだりにふやしてはいけないということになっているのです。

笠松 幕府も、鎌倉の中期ぐらいから、盛んに新加の神人に対する規制をやります。

網野 つまり、そういう神人たちがふえると、俗人の法律では処罰できないのです。

——規制するのは神人の集団が自己規制するのではなくて、周りが規制するわけですね。

網野 この神人の定員の規制は、朝廷の法令やあるいは幕府の法令にでてきます。あまりふえてくるので、定員を決めて、交名《きょうみょう》という名簿をつくり、新しい神人はふやすなということになるわけです。神人交名は朝廷、国衙や神社が持っています。そういう制度の決まるのは十二世紀後半です。

笠松 鎌倉幕府法などをみると、神人の集団というのは、いってみれば広域暴力団みたいなものでね（笑）。非常に厄介な存在なんです。アウトローといっても神様につながっている人たちなんですが、俗的な法的規制をかけるのに厄介な集団なんです。やっていることは、叡山の山僧《さんそう》なんかも同じですが、債権の取り立てなどをいちばんの得意としている。だから、いまの暴力団とまったく同じ形態なんです。

――神人という身分というか集団は、いつごろから発生したのでしょうか。

網野　十一世紀後半ごろから発生しますが、制度的に軌道に乗るのは十二世紀後半です。

――それ以前はどういった身分の人たちだったのでしょうか。

網野　史料には多くは出てきませんけれども、身分的に、神民《しんみん》(25)や神賤《しんせん》(26)といわれる人たちが古代にもいます。こういう人たちはやはり神に直属しており、俗人と違うと周りから意識されている人たちで、これは古くからいたと思います。そうした人たちが社会の中でさまざまな生業をやるようになってきます。つまり商工業、金融、交通などで、鎌倉幕府の田畠を中心とした所領を基礎とする秩序とは、全く世界の違うところで動く人たちです。そういう人たちが神人になっていくのです。

神社も、そういう人たちを抱えておけば、貢納されるものも多いでしょうし、また神人は神社自体の暴力組織にもなっています。御家人が幕府の暴力組織であるとすれば、神人・寄人は神社や寺院の暴力組織といってよいと思います。しかし、幕府の場合は、所領を持っていることが前提でそれにもとづく秩序が保たれているのですが、神人は河海や陸上の交通路を遍歴し、移動して債権の取り立てなどをやっています。

しかしそういうことをやるときの神人のスタイルをして「神宝」を持ったり、ときにはこわい不動様のお面をつけたりしたこともあったようです。不動の面をつけたり、また執金剛神《しつこんごうしん》(27)のような仏様をかついでいって百姓たちをおどかすわけです、お前たちはどうして借りたものを返さないのかといって債権を取り立てたり、年貢を徴収したりします。そういう神仏の威力をバックにして反抗する百姓を押さえつけたりもするのです。

――神人の組織というのは、その後も連綿として続いていっているのですか。

網野 強力な力をもっていたのは十四世紀ぐらいまでで、十五、十六世紀になると、商人や金融業者は必ずしも神人の姿をとらなくなります。神仏の権威がおちてくるわけですね。だから、その時期になると、鎌倉仏教の僧侶や山伏などのように、それ以前とはタイプが変わって別の形になりますね。

笠松 イメージとしてはなんとなくわかるんですが、文字で神人を説明するのは厄介ですね。なんとなく感じではつかめるんだけれども、いまの言葉でうまく表現するというのは難しい。

網野 だから、「広域暴力団」といってしまえばいいですよ。武士団についてもそういう表現をする人がいますからね。

笠松 それがいちばん話が早いですね(笑)。

網野 神仏をかさにきて、出てくると恐ろしい。暴力もふるうという感じですね。それがこの時期は正常の社会でおこっているので、公的に身分も保証されており、決してはずれもの、アウトローではありません。

――本来ならば、御家人と神人のグループというのは、相干渉しないものなのですか。

網野　いや、いろいろなことで衝突します。実際には、地頭代が神人を補えたわけですよね。

網野　話をもとにもどすと、百姓を京都に連れていって繋縛して禁固してしまったわけです。

――それが本当は神人だと。

網野　神社側はそういっています。だから、とんでもないことをやったというわけです。神人を処罰するには、神職を一度解職し、普通の俗人にしたうえで、はじめて繋縛できるのに、そういう手続きもしないでどうして禁固などできるのかといっている。松尾社のほうからすれば、これは神に対する侮辱であるといいたいわけですね。

万一、神人に手をかけて殺したりしたら、処罰のきびしい場合には、御家人で遠流《おんる》(28)にされたり、首を切られた例もあります。神人が一人殺されたら、比叡山延暦寺の場合、いちばん顕著ですけれども、日吉社の神輿を担ぎだしたりします。日吉社の神聖な神人を何で殺したのか、これは神に対する重大な侮辱だというわけです。

笠松　いわゆる嗷《ごう》（強）訴《そ》というやつですね。

網野 京都の町は大変な騒ぎになります。朝廷も、神輿が京都の町に入ってきたら手が付けられないので、犯人を処罰しろということになるのです。王朝は鎌倉幕府と処罰に関して折衝をやらなければなりません。幕府も、かなり抵抗するけれども、やはり、犯人を出し、そのうちの責任者の一人はうっかりすると斬首、軽くても流罪です。

笠松 だから、問題は、そういうことがあるのに、「生得の神人」という言葉が人を納得させるだけの力があるのかというのが問題なんですね。神人かどうかということは、そんな軽々しくいえない話のはずです。

網野 ここには番が十二番ありますが、在家はもっとたくさんあったはずです。公事を負担するために十二の番にまとめただけで、在家はもっと多くあったはずで、それが全部神人だということになったら、大変なことと考えざるをえません。しかし、「庄民」と書いてありますから、そう考えざるをえないわけです。しかしこういう論理もありうるので、神の権威が強力であれば、所領そのものが神聖で侵すべからざるところになります。だから、神領や社領はアジールにもなるわけです。神領に、逃げ込めば逮捕できない。

―― もうアンタッチャブルになってしまうわけですね。

網野 そう。裏返していえばアンタッチャブルなんです。アンタッチャブルといっても賤視の方向ではなく、神聖な方向での、神様に近い存在のアンタッチャブルですね。この「生得」というのは、そういう論理と重なってはいるのではないでしょうか。そうでも考えないと理解しがたい。

笠松　では、ここはそのくらいにして。次にいくと、「毎年四人の役たりと雖も、撫民《ぶみん》として二人を免除し畢《おわん》ぬ」とある。

網野　残り二人については贖を取る、つまり代物をとっているということですね。

笠松　撫民というのが、当時の政治の基本的なイデオロギーの一つなんですね。民を撫でるというわけですが、こんなところまで撫民という言葉が浸透しているわけです。そして、「地頭代見夫《げんぷ》を止めその贖を取るか、当時と雖も見夫を召し具すべきなり」となる。この「見夫」ですが、「見」は「現」と同じですね。

これまた話が飛ぶんですけれども、「見質」というのがあるでしょう。

網野　ミジチともいっていますね。

笠松　それが幕府の法令の解釈でいくと、うまくいかないところがあるんですよ。文永《ぶんえい》の法令(29)では、「質券、見質を論ぜず」と言っている。質券、つまり抵当と見質とに分けているわけです。ところが、「永仁の徳政令(30)」のときには、「見質は沙汰に及ばず、入質は券契《けんけい》(31)に依るべし」と、見質と入質と分けている。入質は、明らかにいまでいう質ですが、それに対して見質というのは別になっている。一体見質は質なのか抵当なのか。これが徳政令関連の法解釈のときに困ることの一つなんです。もっとも困まっているのは私だけかも知れませんが。

字引で見ても、「見」というのはいまの「現」と同じで、見銭というと現金のことなんです。だから、「見」というのは現れているという意味になっている。しかし百パーセントいまでいう「現」でいいとはいえない部分があって、これに少し疑問をもっています。

さっきおっしゃったミジチというと、見せ質ということで、抵当になるわけでしょう。そうすると、どうなのか……。

網野　意味が変わる？　読み方が変わると意味が変わるということはありえないでしょう。

笠松　そんなことはありえません。

網野　それではやはりゲンジチですね。

笠松　そこがちょっと厄介なんです。この裁許状の場合は、問題なく見夫というのは、現実の夫を止めて贖いを取るかということをいっているわけですからね。

それから、「当時」という言葉も問題ですね。これは百パーセント現在という意味なんですね。いまでいう「あの当時」という意味での「当時」という言葉は普通は使わない。ところが、国語辞典では、古くから「あの当時」の「当時」という意味で使っているように書かれている。こんなことは考えられないんですけれどもね。

網野　「百姓」だってそうですよ。用例を引くと、どうしてこれで農民と考えられるのかと思うような用例が出ていますから、国語辞典にもそういうことはあるでしょうね。

笠松　「当時と雖も見夫を召し具すべきなり」というのが、二人免除したけれども、いまだってそれを取ったっていいんだということですね。

そして、やっと事書と同じ「京上夫の事」というところに来て、「承久以前は要用《ようよう》に随《したが》ひ召し仕ふの処」とある。これは地頭正員の主張ですけれども、承久以前は必要に応じて召しつかっていたといっているわけなんですね。ところが、「承久以後は代官私の計ひにおいて、在家別の由、定め置くの条、その謂れ無し」というわけですね。代官が勝手に在家別のように決めたということですね。

次に「下向《げこう》の時、召し具さんがため」とありますが、これは京都からなんだけれども、どこへ行くときなのですか。

網野　ぼくは荘園のほうに下向すると考えていたけれども。

笠松　荘園ですね。そうすると、飯田は、上洛して京都を通って荘園に行き又京都に行く。

網野　そのときに京上夫を連れてきた。

笠松　それからまた荘園に帰る。そういうルートになっているわけですね。

網野　ぼくはそうではないかと思いましたけれども。

笠松　それで「謂れ無し」というわけですね。

それから、最後のところにある「先段《せんたん》に載せる如く」というところの「段」という使い方なんですけれども、一般例でいうと、段と条とを分けていまして、前の条をいうときは「先条」といいます。

段というのは、同じ条の中の前項をさす場合にいういい方でして、ここは本当は先条といったほうがいいと思うのです。まあ、そのへんはあいまいに使っていますけれども、いちおう区別はあるわけです。

網野　その前の前の行の「夜戸屋に籠《こ》め」というのは、どう読むのですか。

笠松　私は「夜、戸屋（コオク）に籠め」と読んだんです。原文は「夜籠戸屋」とあるから……。

網野　あ、これは「戸屋」ですか。しかし、この「戸屋」という言葉は、めずらしいですね。戸のある家という意味ですか。

笠松　そうなんですよ。どんな家なのか、イメージがよくわからないけれども。

網野　小さな小屋なんでしょうかね。小屋にしても、「戸」の字をあえて使っているというのは面白いですね。

——荘園にはどれぐらいの人口があったのでしょうか。

笠松　そんなこと、私は全然わかりません。

網野　名《みょう》が七十四ありますね。その名主は有力な百姓ですから、家族が五人ぐらいとしても三百七十人。それに、名主でない一般の百姓がその倍ぐらいはいるのではないでしょうか。

笠松　全部耕作されている土地かどうかわからないけれども、全部で百町という数字が出てきています。百町を仮に全部生産しているとすれば、相当な人間が従事していなければ百町なんかできませんでしょう。

網野　だから、田畠を考えてもけっこう人口がいたと思うのです。それ以外に、鵜飼をやっていたり、紙をつくっていたりもしていると思います。鵜飼でも少しは農業をやっている人もいれば、主として鵜飼をやっている人もいる。いろいろな生業に携わる人がいたと思います。

笠松　戦前ぐらいまでだって、一町の自作農といえば、結構なほうだったんでしょう。

網野　それはそうですよ。

笠松　戦前までは大昔とあまり変わらないといえば変わらないのかもしれませんけれども、それに百町を掛ければずいぶんな人数になりますね。労働力だけでも、数百人はいなければお話にならないでしょうね。

網野　全荘の人口を考えたら千人を超える人口は当然あったと思います。村はいくつだったでしょう。

笠松　村はあとでわかります。

註

（1）**壬生文書**　壬生家文書。平安時代末から官務を世襲、独占していた小槻氏に伝来した文書。太政官の所領関係の文書や、官務として保管していた朝廷の儀礼に関する文書、あるいは壬生家の所有した所領に関する文書などがある。「新訂増補国史大系」「図書寮叢刊」などに所収。

（2）**勧農**　領主が支配下の百姓のために種子・農料を下行するなど農業を軌道にのせること。
（3）**収納**　領主等が、その領民から年貢などを取り立てて納入させること。
（4）**下行**　上位の者が下位の者にたいして、米等の金品を与えること。
（5）**上使**　幕府や朝廷など、上位者より命令を受け派遣される使者のこと。
（6）**宰府**　大宰府の略。あるいは、大宰府の置かれた地のことをいう。
（7）**鎮西探題府**　元寇以降、現在の博多に置かれた幕府の政治・軍事・司法機関。
（8）**壇抵**　たんじ、だんじとも。古くは正倉院文書にもその名を見ることのできる、古来より現在まで伝わる儀礼用の高級な和紙の一種。
（9）**寺奴**　寺院に所属していた奴婢。
（10）**日吉神社**　現在の日吉大社。滋賀県大津市坂本に鎮座。祭神は大己貴神。
（11）**大津神人**　日吉社（現、日吉大社）に属し、滋賀県の大津に拠点を置いた神人。日吉社の成立に関する伝承にも深くかかわり、とくに「生得の神人」と呼ばれ、日吉社の中心的な祭礼である山王祭においても、そこで用いられる「大榊」を取り仕切った。
（12）**補任**　官職等に任じ補すこと。
（13）**氣比神宮**　現、氣比神宮。福井県敦賀市に鎮座。式内社で、祭神は伊奢沙別命等。越前国の一宮。
（14）**諸大夫**　親王、摂関家等の家司の名称で本来は諸大夫が五位以上、侍が六位以下。
（15）**凡下**　中世における一般庶民の意で、鎌倉幕府法では、侍身分を除いた雑人がこれにあたる。甲乙人、地下人とも。
（16）**散位**　律令制において、官職はもっていないが、位だけを持っている者のこと。
（17）**私度僧**　得度すなわち正式に僧侶になる手続きを踏むことなく、勝手に自らの意志により髪を剃り出家して僧になった人々のこと。
(18) **沙弥**　正式な僧侶になる前段階の僧、見習僧のこと。私度僧も私度の沙弥、在家の沙弥などと呼ばれた。
(19) **法阿**　南北朝期の、若狭国太良荘における真利名の名主。
(20) **蓮阿**　南北朝期の、若狭国太良荘における助国名の名主。
(21) **阿弥号**　正式には阿弥陀号。阿号とも。鎌倉時代、主に浄土宗や時宗の人々が用いた法名。
(22) **法橋**　法橋上人位。僧位のひとつで、法眼の次にあたる。律師に相当する。
(23) **実円**　鎌倉末から南北朝期にかけての、若狭国太良荘における時沢名の名主。
(24) **禅勝**　鎌倉末から南北朝期にかけての、若狭国太良荘における歓心名の名主。
(25) **神民**　神社に属する民であり、神人と同義の場合が多い。
(26) **神賤**　古代において神の「奴婢」としてのちの神人のような役割を果たした人々。
(27) **執金剛神**　仁王にかたどられることもある、手に金剛杵を執って仏法を守護する神。甲冑をつけ勇猛の相をなす。金剛神。金剛手。持金剛。金剛力士。密迹金剛。執金剛夜叉。
(28) **遠流**　遠・中・近に区別された最も重い流罪。
(29) **文永の法令**　質券所領について規定した、文正十（一二七三）年七月十二日の鎌倉幕府追加法、四五二条。いわゆる、文永の徳政令。
(30) **永仁の徳政令**　永仁五（一二九七）年三月に鎌倉幕府によって発せられた徳政令。この史料は鎌倉幕府追加法、六七五条。
(31) **券契**　特に所領に関する証文や証拠書類のこと。

第七条　薪・蒭・房仕役の事

一、薪《たきぎ》・蒭《まぐさ》・房仕役《ぼうじやく》の事、
右、覚秀の申す如くんば、先例は毎日薪二束・蒭十房なり、房仕においては、一向にその例無し、しかるに地頭下向の時、薪十束・蒭八十房入るべきの由、譴責の条新儀なりと云々、光信陳じて云く、庄解《しょうげ》の如くんば、先例薪六束・蒭卅房と云々、しかるに今申し詞《ことば》の如くんば、薪二束・蒭十房、前後相違なり、凡《およ》そ代官ばかり在庄の時は、先例に任すべきと雖も、たまたま下向の時、蒭を庄家に下知せざれば、他の計略有るべからず、蒭を苅らず、房仕を仕まつらずば、何を以て経廻《けいかい》を支ふべきかと云々、所詮、先例に任せ、新儀有るべからず、

笠松　第七条にいきます。「薪《たきぎ》・蒭《まぐさ》(1)・房仕役《ぼうじやく》の事」。「先例は毎日薪二束・蒭十房なり、房仕においては、一向にその例無し」とあります。このうち「房仕」のほうはちょっと置いておきまして、「しかるに地頭下向の時、薪十束・蒭八十房入るべきの由」ということですから、地頭が来たので、蒭のほうが一遍に八倍にふえているわけですね。

ここでちょっと興味があるのは、地頭がどのくらいの馬を連れてきたかという手掛りにならないか

ということです。一頭の馬に蒭がどのくらい要るのか私には全然わかりませんが。

網野　一例だけ、建武元（一三三四）年のときに、国司上使が新見《にいみ》荘に入ってくるんですよ。そのときはたしか馬は二十三頭入ってきます。人数が全部で八十三人。そのときには、馬には米の粥《かゆ》を食べさせています。大豆も餌にしていますので、特別の客人の馬だけにずいぶんぜいたくをさせていますす。しかしここに出てくる蒭は当然飼い葉で草でしょうね。

笠松　秣《りよう》(2)と蒭というのは意味が違うのですか？

網野　同じだと思います。ただ偉い人の馬には米で粥をつくったり、大豆を食わせたりしているんですよ。しかしこれは秣ではないかと思います。蒭の字はいろいろ出てきますよね。

笠松　大蒭なんていうのも出てきますよね。

網野　太良荘の有名な寛元の六波羅裁許状にでてきますけれども、摂津には蒭を刈る職能民として草刈りという集団がいますよ。

笠松　地頭が関東からやってくるわけですから、もちろん乗り換えの馬を連れてきているわけなんでしょうけれども、それと、馬に乗るような従者がいるわけでしょう。地頭代が現地にいるとき仮に馬一頭分だとしますと、七頭分ふえたということになるでしょう。こんな数量的処理をやってもどうしようもないけれども、だいたいどのくらいの人間でどのくらいの馬を連れてきたかというのは、飯田という武士の規模を考えるうえで参考になると思うのですけれども。

網野　それは考えたことがありませんでしたね。薪の量から馬の頭数を考えるという発想は、いまはじめて気がつきました。「房」という薪の単位がどのくらいの量なのかを考える必要がありますね。

笠松　あてにはならないけれども、いくらかはヒントになるかもしれない。馬一頭が薪をどのくらい食べるかがわからなければ、全然話にならないですけれどもね。地頭代が一人在荘しているときに馬を何頭も飼っているということは考えられないから。

網野　思ったより多くの馬を連れてくる可能性があると思いますよ。厩は、地頭の政所には必ず設けてあるでしょうからね。それと百姓も結構、馬や牛は持っています。太良荘の百姓もみな馬を持っているし、備後国大田荘では百姓が乗馬、農牛を持っていて、農牛は数百頭といわれていますからね。

笠松　あと、薪はいいとして、房仕役の房仕というのは何なんですか。これも網野さんの得意なところでしょう。

網野　得意ではないですよ。

笠松　だって、「接待《せったい》」に関するところじゃないですか。

網野　食事を用意する日常の台所の仕事だと思いますけれども。

笠松　日常の仕事なんだけれども、現地のほうがどれだけ負担しなければならないかということでしょう。『日本中世の民衆像』（岩波新書）でお書きになっていたと思いますが。

網野　三日厨《くりや》ですか？

笠松　三日厨とか長日厨《ちょうじつくりや》というのと房仕役というのは概念は同じですか。

網野　三日厨と房仕とは違うでしょう。長日厨と房仕役とは結果として似てくるのではないでしょうか。

笠松　厨ということではどうなのかしら。

網野　厨は料理をつくってご馳走することでしょうね。房仕はもう少し日常なことなのではないかと思いますが。

笠松　厨というのは特別なご馳走なんですか。

網野　三日厨はまさしくそうですね。本格的な接待です。長日厨は、恐らく平厨といわれて、三日厨よりも大分日常化した接待だと思います。

笠松　幕府もしばしば長日厨というのは禁止します。

網野　そうでしょうね。接待をするのに大変費用がかかりますからね、百姓は大きな宴会をひらくのですが、それが三日をこえて長日、つまり長期にわたって何日もやることになったら、かなわないわけです。ただ、房仕は、在荘している地頭の日常の世話でしょうから、厨とはちょっとちがうように思いますよ。

笠松　特別な宴会をやるというのは違うかもしれないけれども、基本的には、貴人《きじん》が現地にやってきたときに、それを接待しなければならない。その考えでは房仕だって厨だって同じなわけでしょう。

網野　それはそうでしょうね。ただ、房仕のほうがより日常的だと思います。味噌や塩などを用いて日常の食事をつくっているような感じです。「房」に仕《つかえ》るわけですからね。厨は酒や肴などを用意して宴会をして接待をすることになるけれども、房仕の場合は、地頭の家にある道具や百姓の奉仕する若干の日常生活用品などのものを使って台所の仕事をすればよいのではないかと思うのです。

笠松　いまのお話だと、房仕というのはいちばん基本的な、最低限の奉仕でしょう。そうすると、ここの場合はそれもいけないというのでしょうか。「例無し」というのだから。

網野　「一向にその例無し」と書いてあるんですね。荘園によってもいろいろなあり方があると思いますけれども。

笠松　地頭代がいままでのことをいうわけですから、それについての房仕も全然やっていないということなのでしょうね。

網野　そうだと思います。

笠松　そのあとで、「蒭を苅らず、房仕を仕まつらずば、何を以て経廻《けいかい》(3)を支ふべきかと云々」とありますよね。やはり、地頭側のほうの考え方としては、行ったときは、それなりの現地の接待というのがなければやっていけないのは当たり前なんだということですよね。だから、三日厨なんかと基本的には同じなんじゃないかと思うのですけれども。

網野　基本的には同じでしょう。ただ、三日厨は到着してすぐの接待だけれども房仕は、同じ接待でも、接待の仕方が日常的で、多分女性が台所仕事をするのではないでしょうか、美濃の小木曽荘で、平厨といっているのに当るのだと思います。それでいいかどうか、自信はありませんが。

笠松　基本では共通しているけれども、偉い人がやってきたときに接待しなければいけないという話、その話を少ししていただけませんか。

網野　いまでも遠くから客が来ると必ず接待をするというのは、日本の社会の基本的な儀礼になっていますよね、しかしこれが非常に古くからのしきたりで、折口信夫《しのぶ》(4)さんのいう、まれびと（客人）が訪ねて来たときに、どんなにみすぼらしくてもそれなりの接待をしないと、神罰が下りるという習俗がありますからね。神話、民俗の中にそういう話がありますね。貧しくても接待した人と金持でことわった人とのちがいが強調されています。

笠松　だから、この地頭の「房仕を仕まつらずば、何を以て経廻を支ふべきか」というくだりでもわかるように、現地がそれをやるのは当然だという考え方があるわけですね。基本的には客人を接待するという風習はずっと古くからあって、それは日本独特のことなんですか。

網野　そうではないと思います。これは世界中どこでも同じだと思います。キリスト教になってからのヨーロッパはちょっと変わるのかもしれませんが、本来、どこでも普通の民俗社会にはあることではないでしょうか。いろいろなバリエーションがあるだけで、基本は同じだと思います。

笠松　折口さんのまれびとの話もそうかもしれないけれども、べつに偉い人じゃなくても、遠くから来た人とか、旅行者を接待しなくてはならないという考え方は、宮本常一[5]さんなんかの話だと現代まであったというわけでしょう。

網野　ついこのあいだまであったことはたしかです、それはそのとおりだと思います。

笠松　戦前でも、家の前を通っていく人を接待しなくてはならないというなんていうのは、都会に住んでいる人間には、あまりピンと来ませんが。自分の家に来た人間は別だけれども……。

網野　それはもう少し広い意味の村に入ってくる人でしょうね。

笠松　村のまれびとに対しては饗応《きようおう》しなければならないという考え方ですね。宮本さんは、当時でも御自分の家でもやっていたといわれていますけれども、都会の人間としてはあまり実感はないですね。そんなこともあったのかと思うぐらいでしょう。

網野　最近ではね。

笠松　それは、私たちが知っている都会が特殊であって、戦前の日本の都会以外の場所では、どこでも普通にあったような話なのでしょうか。

網野　あったのじゃないんですか。私自身、敗戦後、日本常民文化研究所の仕事で漁村を歩いたでしょう。しばらくのあいだ古文書を見せていただいて、これから宿に帰りますというと、「そんなことしないでうちに泊まっていってください」といわれて、もう酒食の用意がしてあるわけですよ。夕方五時ごろまで仕事をして、「これで失礼します」というと、「まあ、そう言わずに。もう用意ができていますから」といって、食事が運ばれてきて、今晩はうちにお泊まりくださいといわれて、ずいぶん泊めてもらいました。

笠松　経験はないけど、ものを読むと、そういう話はいっぱい出てきますね。

網野　実際にある家に泊まったら、そのふとんにはノミがいっぱいいましてね（笑）。長いあいだしまってあった布団を引っ張りだして泊めて下さったんですが、寝ていたらノミがピョンピョン飛びまわって往生した覚えがあるけれど、大変に好意的でした。

帰るときにお金を封筒に入れて渡そうとしても、絶対受け取って下さらないのです。「そんなばかなこと」、といって断られてしまう。霞ヶ浦の周辺でそういう経験を何度もしましたね。

笠松　四国の人はお遍路さん(6)に対してそういうふうにするというけれども、とくにお遍路さんだからというのでなくて、宮本さんによると、そういうことがごく当たり前にあったというのですよね。そうすると、「房仕を仕まつらずば、何を以て経廻を支ふべきかと云々」ということは、旅行をすれば、現地で接待してもらうというのは当たり前だということなのでしょうか。

網野　意識としてはそういうことでしょうね。この時代、具体的にどうなっているかわからないけれど、接待費は必要経費として年貢から落せるわけですよ。

笠松　「庄下用」ですね。

網野　一方では、在荘している代官は、百姓等に酒を振る舞わなければならないこともあるわけです。正月二日、祭りの日、年貢が納められた倉付《くらつき》のときなど、ハレの日に代官が現地にいたら百姓たちに酒肴を振る舞うのですが、それも必要経費として落せます。それの逆で、代官が荘に下向して来たときには、百姓がかならず接待をします。

笠松　その現地調達という基本的な考え方はすごく大きい問題だと思うのです。戦争で軍隊が移動するというときでも、現地の徴発によって自活していくんだという考え方。それが当然だと思う考え方があるのか。あるいは、それは悪だと思う考え方があるのか。それによってずいぶん違うと思います。

相論でありましたよね。幕府の御教書だったか何だったか忘れてしまったけれども、相論相手のところに持っていったら相手が受け取らないので、そこで留まって飢え死にしそうになった、相手が敵対的な行動に出て、そこで経廻を支えることが出来ず飢え死にしそうだという例がありましたよね。

網野　それは大問題ですね。普通の日本の社会のなかでの戦争のときの兵糧米《ひょうろうまい》の現地調達という問題ともからんでくるわけですね。

笠松　南北朝動乱のとき北畠顕家の軍隊が東北から京都に向う途中、掠奪をやって、一木一草なくなってしまったということで悪者になっていますが、それも考え方で、北畠の軍隊はお米を担いで歩かなくてはならないということは夢にも思わなかったのではないか。

網野　だから、百姓たちは、軍隊が通過したために、兵糧米を徴収されたから、年貢をまけろというわけですね。あるいは、戦乱によって百姓は苦しんだと書いてあるけれども、百姓にとって、荘園に入ってきた軍勢は、事を起こさないで早く出ていってもらえば、そこでゴタゴタした紛争がおきるよりはよほどいいわけですね。あとでこれだけ軍勢を接待したのでもう出すものはないよ、ということを百姓たちは領家に対していうわけで。それぐらいのことはこの当時の百姓はやりますからね。だから、こうした接待費は必要経費で年貢から落とせるという感覚が明らかにあるんですよ。

笠松　さっきの旅行の問題ともかかわるけれども、そういうことがあるかないかという基本的な考え方でえらい違いになりますね。

網野　大変な違いですね。

笠松　この史料の例でも、地頭正員が行ったのだから当然接待するべきだというのは、これだけ見ると無理にも見えるけれども、ものの考え方は地頭側のいい分のほうが道理があるのじゃないかと思いますね。

網野　国司の上使が検分《けんぶん》に入部して来たときの備中国の新見荘の接待もそうですが、あれは大変なものですよ。八十三人入部してきたんですけれどもね。

笠松　国司が何しに来たのですか。

網野　建武政府の新任国司の上使が見回りに来たんです。

笠松　言ってみれば職務上の見回りですね。

網野　しかし八十三人の人間と馬が二十三匹なだれ込んでくるわけですからね。そして、来た人を毎晩毎晩、接待する。酒を朝と晩に出し、引出物も、三貫文で、相当なもの、多分絹などを市庭《いちば》で買って、国司にさしあげています。それでも二、三日でお通りいただくことができれば代官としては成功ですね。この接待費は全部必要経費として年貢から落とされています。その明細書、国司入部雑事注文をつくり、これだけの接待しましたと細かく書いて都に送ります。もちろん、監査はあるのですけれども、基本的にこの支出は承認されたと思います。

逆に、代官は正月などに百姓を招いて大々的な酒宴をやっていますね。清酒も用意するし、白酒も用意し、大豆から豆腐もつくって肴にしています。建武《けんむ》元（一三三四）年にはすでに大豆から豆腐を百姓がつくっているんですね。それに市庭で買った魚の費用も必要経費になります。すべてこうした費用は年貢から控除されるのです。

笠松　だから、いま「接待」が問題になっているけれども、ただ業界の慣習とか言わないで、これは日本のそれこそ生活に密着した民衆次元の風習だといえば、人は驚くんじゃないかと私はひそかに思っているんです。

網野　ぼくもそう思います。ぼくが新見荘の話を講演会ですると、みなゲラゲラ笑うわけです。あるとき、一人のインテリ婦人が「日本は昔から腐敗していたんですか」といわれてね（笑）。大抵の人はニヤニヤ笑いながら昔もいまも同じだなというような顔をしています。しかし、本当にこれが大問題なのだと思いますよ、いまは「接待」することはすべて悪いという方向で話が進んでいるところがあるけれども、それは大変おかしいことですね。また逆に長い伝統によりかかって鈍感になっている面もあると思います。

笠松　いまいいか悪いかは別にして、もともとの伝統がどうとかという話になれば、これは全然違いますね。

網野　ただ、この薪は房仕のための燃料でしょうが、薪や炭は大変大事なんですよ。蒭もまとめて買っていることもありますね。京都の鳥羽に院の厩がありますが。これに結びついてさきほどいったように蒭を刈る「草刈」という職能民もいたのですよ。

笠松　『日本常民生活絵引』[7]で蒭というのを引いたら、京都市中で蒭を抱えて持っている場面が一枚だけありました。

網野　それから、蒭一房薪十束がどのくらいの量かということですね。単位が意外に具体的にわからないですね。十束の薪がどのくらいの量になるのか……。たしか鎌倉幕府がこうしたものの値段をきめたことがありましたね。

笠松　鎌倉市内の法として建長五（一二五三）年の法があります（追加法二九六）。

網野　あの法に蒭はありませんでしたが？

笠松　「薪・馬蒭直法の事」として、わら一駄八束五十文・ぬか一駄五十文などときめましたが、翌年この法定価格をとりやめにしています。

──このころは、束とか房とかいえば、だいたい全国的に決まっているのですか。

網野 枡も同じ一升でも地域によって量がちがいますから、この場合もどこでも同じ量だったかどうかはわからないけれども……。

笠松 でも、お互いに共通の認識はある程度あったのでしょうね。

網野 それで話は違いますけれども、「庄解《しょうげ》」というのがここで突然出てきますね。「庄解の如くんば」というのは何なのですか。

笠松 いままでは「……申す如くんば」と来たのですが……。

網野 これは法廷のなかでの言葉ですね。

笠松 両者対決の場の言葉を引用してきていたのですが、ここは「庄解」と「申し詞《ことば》」というのを対比させているんですね。荘解というのは、これは荘園のほうから出した訴状ですから、この裁判の発端が荘解に始まっていることを示しています。それに対し、地頭のほうはそれに陳状《ちんじょう》(8)などを出すということはなくて、荘解一発で裁判が始まって、あとは対決するそういう手続きだったと思います。

網野 それはよくわかりますね。

笠松 それで、申し詞と違っているというわけですね。「他の計略有るべからず」(9)というんです。計略という言葉もはっきりわかりませんが、経済的な問題に使うときが多いんでしょうかね。

註

(1) **蒭**　秣とも。まぐさで、馬の食料となる草のこと。

(2) **秣**　前掲註(1)参照。

(3) **経廻**　めぐり歩くこと、ここでは滞在の経済的負担の意。

(4) **折口信夫**　一八八七〜一九五三。民俗学者、国文学者、歌人、詩人。

(5) **宮本常一**　一九〇七〜八一。民俗学者。

(6) **お遍路さん**　四国八十八ヶ所の霊場を巡拝する人のこと。

(7) **絵引**　渋沢敬三編著『絵巻物による日本常民生活絵引』全五巻、平凡社、一九八四。

(8) **陳状**　中世の裁判において、訴えられた者が自分の正当性を陳弁する上申書のこと。訴えた側の提出した訴状とあわせ訴陳状とよんだ。

(9) **計略**　はかりごと。策略。手段。

第八条　下司名田を百姓に充て作るべき由の事

一、下司《げす》名田《みようでん》を百姓に充て作るべき由の事、

右、覚秀申して云く、梶原の時一向にその儀無しと雖も、当地頭の時、庄民を農作に雇ひ仕ふ事、人別に一年三ケ度なり、耕日、殖日、草取日是なり、食物は日別三ケ度これ在り、しかるに今年始め地本《ちほん》を百姓に分け下し、種子許《ばか》りを下行し、食料を下行せず、村別に二段押し懸くるの間、向後《きようこう》を恐れ新儀

を停止せられんと欲すと云々、光信陳じて云く、地頭の正作に百姓を雇作する事、当庄一所の例に非ず、諸国の傍例なり、召し仕ふの日、食物を下行する事、勿論なり、但し前々は、代官許り居住の時、一・二町これを耕作す、既に三十余年妨げ無し、しかるに正員在庄の時、在京の資縁のため、前々に増して二・三町耕作すると雖も、非法たるべからず、一町二段を作り立てんがため、種子・食料を下行するの刻み、領家より制止有りと称して、終に荒廃せしめ畢ぬ、地頭として名田を耕作する事、所勘《しょかん》に叶はざるの条、只御察しを仰ぐと云々、てへれば件の田同じく正治以後の例に任せ、更に新儀の企て有るべからず、

笠松　第八条はタイトルが「下司《げす》名田《みょうでん》を百姓に充て作るべき由の事」ですが、ここが非常に印象的なんです。地頭名田と書くべきところを下司名田と書いている。なぜ下司名田なのかということですが、松尾社としては、前からの因縁で本来飯田が地頭職であるということを認めたくなかった。ですから、あくまでも下司という言葉でいっている。それが荘解に書いてあるものだから、その言葉をそのまま判決に引用したので「下司名田」という表現になっているということだと思います。

網野　「庄民を農作に雇ひ仕《つか》ふ事、人別に一年三ヶ度なり、耕日《こうじつ》、殖日《しょくじつ》、草取日《くさとり》是なり……」(1)(2)(3)ですが、この三日は、非常に広く普通に見られる水田耕作への百姓の動員のときの基本的な形のようですね。しかし、嘉暦二年閏九月十日の紀伊国和佐荘《わさのしょう》下村公分の得分と公事の注文(4)を見ると、「麦刈」、

「田人《たひと》」(5)「牛尻取《うしのしりとり》」(6)、「田の草取」、「麦蒔《まき》牛尻取」、「舂米舂《つきまいつき》」(7)「門肥《かどこえ》」(8)、「田刈《たかり》」などが在家別にあるいは必要に応じて賦課されています。これには麦が入っていますけれども、田地については耕作をするとき、田植え、草取りのときに百姓が動員されるのは当然のことになっていますね。

前にでた問題ともからむけれども、荘園のなかの神田や寺田については、荘園全体で維持するという習わしがあるでしょう。それと同じように、地頭や預所の田畠の耕作については、何日かは必ず奉仕するのが当然のことになっています。しかしそうした奉仕のときには、食料が必ず出るのです。日本の中世の夫役《ぶやく》を労働地代《ちだい》だと昔はいっていたけれども、大山喬平さんが大分以前にこうした夫役には食料が出るのだと指摘されましたが、たしかに夫役には違いないのですが食料は自弁ではないと思いますね。これはかなり重要な問題だと思うんです。しかも、「食物は日別三ヶ度」といっていますが、これは三食食べたということでしょうかね。そうだとすると、これは通例より多いわけです。かなりきびしい労働だからでしょうね。このころは普通は日に二食でしょう。

笠松　ただ、田植えや何かのときは、五回も六回も食事したという話は戦前まであったようです。

網野　そのときは特別多くなりますね。

笠松　とにかく普通は二回なのが三回になった。「雇ひ仕ふ」という場合、いまならアゴ足付きという言葉があるけれども、アゴ付きだけだったら、それを「雇う」とはあまりいわないでしょう。このころは、食料を払うということは雇うということのなかに入るのでしょうか。

網野　入るのではないんでしょうか。

笠松　それで「耕日、殖日、草取」が三ヶ度となっているけれども、各々が一日で済むわけなんですか。

網野　人別《にんべつ》に三日間を割り当てているのでしょうね。何人いるのかわかりませんが、一日にかなりの数を動員することになりますね。ただ、ここで夫役を奉仕する人の性別、年齢はよくわかりません、多分成年男子だと思いますが、それと、在家別とはちがうでしょうね。村別が出てきますが名別、在家別、番別とあって、そして人別でしょう。

笠松　この人別というのは何だろうな。

網野　これは一人について一年三度でしょう。

笠松　そうすると、全荘民がみんな一年に三度雇われるわけですか。

網野　成年男子だけでしょうが、その辺はよくわかりません。それと「村別二段」割りあてていますが、これは人別とはちがう原理ですね。人別の動員は、一年三ヶ度ということになっているのでしょうね。

笠松　どこにかけてあるのか書いていないのです。いまおっしゃったように、特定の日はみんながやるというけれども、この当時の慣習とすれば、田植えなどは、べつにだれに奉仕するというのでなくても、集団的にやるわけでしょう。

網野　田植は女性ですね、そうした仕事は普通、村のなかで結《ゆい》(9)の組織があってこの田はいつ田植をすると決めて、全員でやっていくのですよね。

笠松　そうすると、労働力のない家でも、村だか何だかの単位でみんなで集団的にやって農耕を支える。とくに忙しいときは。それの一環みたいなものでやっているわけでしょう。

網野　そうだと思います。

笠松　それはそうなんですけれども、このあとで「しかるに今年始めて地本《ちほん》(10)を百姓に分け下し……」。

網野　ここは読み方が問題でしょうね。

笠松　これでいいんじゃないですか。

網野　「地本」という言葉もないわけではないしね。

笠松　下地《したぢ》のもと、というふうに読むかどうか知らないけれども。そして、「種子許《ばか》りを下行《げぎょう》し、食料を下行せず」というわけですね。ここに「村別」というかたちで村が出てきます。

このあとの光信の陳状のほうで見ますと、はっきりはわからないんだけれども、「在京の資縁《しえん》(11)のため、前々に増して二・三町耕作すると雖も、非法たるべからず、一町二段を作り立たんがため……」というふうに、とても具体的な数字が書いてある。さらに、「一町二段を作り立たんがため、種子食料を下行するの刻み」ということですから、一町二段で村別二段だとすると、六か村ということになりますね。その計算がいいのかどうかわかりませんが、表面的な計算をやると六か村になる。いまの社会経済史では、「村」というのはどう考えられているんですか。

網野 村は、中世の土地制度上では一般的にいって、公的な単位ではありません。公的には名《みょう》、郷《ごう》、保《ほ》などの単位で、村はそれから外れた単位です。ときによると新田だけがあって在家もないところを村といっている例もあるし、田地が全然ないところを村といっている場合もあります。そういう事例が多いのですが、もちろん、それだけではないでしょう。

笠松 村の語源は「むらがっている」ということだといわれるけれども、家のかたまりがあるところを村というんでしょうか。そうじゃないというふうに書いてある本もあるけれども。

網野 ところが人家のない村もあるんですよ。

笠松 公事が、名は散在名でも何でもいいわけでしょう。地理的にはめちゃくちゃでいいのだけれども、村もそうなのですか。物理的に固まっていなくても村というのですか。

網野 そこのへんが本当のところよくわかりません。ですからこの裁許状自体が重要な事例になるわけです。「村別」と書いてあるから、考えようによっては極端にいえば人間がいなくてもいいわけです。人間の問題とは別の原理でしょうからね。しかし、村が単位になって公事が賦課されている事例は珍しいと思いますよ。

笠松 わからないのですけれども、何で公事が「番」単位になったり「在家《ざいけ》」単位であったり、ここではまた「村別」になっているのか。

網野　ぼくにもこれはまったくわかりません。

笠松　でも、何か理由があるんでしょうね。

網野　当然あると思います。一つには人別ではなく、村別に下司名を割り当てることによって、農料の下行を省いて村の責任にしようとしてということですね。前にもチラッチラッと村が出てきますが、みな地名が付いています。だから、この村の場合は、生活の単位としての集落と考えてよいのかもしれません。名や番は年貢・公事徴収のための制度ですからね。そうだとすると、実態のある集落と考えたほうがいいと思います。

笠松　田植えや何かで労働するときには、村という単位がいちばんふさわしくなければ村別にはならないわけでしょう。何か理由がなければ村になるはずはないから、労働力を動員するときにいちばんふさわしい単位が村だとすれば、そこから考えて、村というのはどういうあり方がいちばん適当かということを考えるべきなのでしょうね。

網野　その事例としては、この荘の村は面白い例になりますね。むしろ、この史料に即して考えたほうがよいと思います。ただ、村は公的な単位ではないですね。検注帳(12)を見ても、村は出てきません。史料には出てきますけれどもね。前に菅内村《すがうちむら》という村があったでしょう。ほかの史料で、嘉禎三年六月廿日の秦相久請状に、もうひとつ高田村がでてきたと思いますが。これも、公的な単位ではなくて、実質の集落を村と呼んでいるようにみえます。年貢や公事を収取するために、名という田地を中心とした徴税単位を設定し、さらにそれを番にまとめ、公事を均等に賦課するための制度としているわけですが、村はそれとは次元が違うのでしょうね。

笠松　名と番はなんとなくわかるんだけれども、村と在家は全くわからない。

網野　村は生活の単位。在家は、この村の中には在家何宇というように公的な検注ではっきりおさえられていると思います。だから在家は村とは次元が違う公的な存在だと思います。

笠松　なぜここに村が出てきたのかわからないけれども、とにかくこういう労働にふさわしい単位なのだということで、村を考えるときのひとつの史料にはなるでしょうね。

網野　中世の村を考えるときの非常に大事な史料になると思います。

笠松　私はよくわからないのですが、「地頭の正作に百姓雇作する事」とあって、最後のところで「領家《りようけ》より制止《せいし》有りと称して、終に荒廃せしめ畢《おわん》ぬ」と書いてありますが、それ迄はどういうことになっているのでしょうか。

網野　地頭名《みよう》の面積は前に出てきましたね。

笠松　十町です。それで、「在京の資縁のため、前々《ぜんぜん》に増して二、三町耕作すると雖も」と書いてありますでしょう。在京するのでお金が要るということで、余分にやったわけですね。余分にやったということは、いままでやっていなかったということですよね。

網野　地頭の正作《しょうさく》、(13)つまり直接経営は代官のいたときは一、二町耕作していたということですね。地頭給、地頭名については前にも話が出たけれども、地頭給というのは年貢・公事免除の田地、地頭名は年貢がかかって公事だけ免除ということになっているわけですね。この給田・名田については、推定だけれども、一、二町の正作を除いて普段は百姓が請け負っているのだと思いますよ。

笠松　そうすると、「前々に増して二、三町耕作する」という表現はそれに適合しますか。これだと、いままで荒廃していたものを二、三町耕し始めたという感じがするのだけれども。

網野　荒廃ではなくて、一、二町だったのに一町を加え、二、三町を実際に地頭自身の正作として百姓たちを動員して、種子・農料を渡して耕作させ、収穫を全部取るというかたちにしたのでしょうね。

笠松　そうすると、前から種を蒔いて耕作をしてはいたけれども、主体が地頭自体になって耕作を始めたという、経営主体になったということでしょうか。

網野　そうでしょうね。それまでは地頭給の中で一、二町、代官が居住しているときには、資縁のため、百姓を雇作して直営し耕作させていたので、そのほかの地頭給、地頭名は、百姓が請け負って規定の年貢を地頭に渡していたのではないでしょうか。

笠松　自分のところに全部入るようになったから、それが在京の資縁になるということでしょうか。

網野　そうだと思います。給田は、必ずしも特定の田地が決まっているとは限りません。そういう免田のあり方は前にもいったように「浮免」といいますが、きちんとこの田地とこの田地が給田として決まっているわけではなくて、十町分の一定の額の年貢を地頭の給分として百姓が地頭に渡すというのが、本来の荘園の決まりだったのでしょうね。そのなかで地頭や代官が実際に現地にいる場合は、その生活のために給田の範囲内の一部の田地を正作地にきめて、百姓を雇って耕作させ、その収獲を自分のものにしたということになるのだと思います。

笠松　その違いになるわけですか。

網野　そうだと思います。

笠松　これだけ読むと、どうしてもいままで荒廃していた分を、そのために新しくつくりはじめたというニュアンスが感じられるのですが、そうではないのですね。

網野　そうではないと思いますよ。一町二段は今年は正作としようと思って地頭側は段取りをつけたのだけれども、領家がそんなことをしてはいけないというから、百姓が耕作を放り出してしまったというういい方ですよね。

笠松　放り出してしまったから荒廃したわけでしょうか。

網野　そうだと思います。普段だったら、百姓は自分の手元に残るものがあるから、耕作をして、地頭分の年貢だけを、全体の年貢の中から地頭の給分として渡すということをやっていたのだと思います。私はそう思ったのだけれども、どうですか。それでは理屈が通りませんか。

笠松　べつに理屈が通らないというわけではないんですけれども、文章の感じとしては、「一町二段を作り立てんがため」とありますよね。「立つ」というのは新しくつくるというニュアンスのほうが強いように思うのです。それは経営主体の交替という抽象的な概念ではなく「新しく」という意味にとった方が、話としては合うような気がしますが。そのへんは私にはよくわかりません。

網野　私も自信はないですよ。しかし荒廃しているとは考えられないように思いますね。

笠松　それと、もうひとつわからないのは「在京の資縁」です。いまのこの判決が十月ですよね。上京してきたのが二月でしょう。そうすると、荒廃したのか、経営主体を替えたのかどうか知りませんが、旧暦だとお米は何月ごろ収獲ですか。

網野　やはり九月か十月でしょう。

笠松　そうすると、飯田のほうからいうと、在京の資縁のためという目的で二月から来て、新しくやりますよというわけですね。そして、お米が出来るのが十月だとして、それを調達してお金にするわけでしょう。ずいぶんのんびりしているような気がするんです。

網野　そうですね。たしかにのんびりしていますね。経済的じゃないですね。

笠松　在京の資縁のために新しく耕作をやるということが、どうもピンと来ないんです。そんなくらいだったら、もっとほかに何かで取り立てるということをやりそうなものなのに……。

網野　たしかにずいぶんのんびりしていると思うけれども、そういう理由をつけて正作を拡大しようとしたとも考えられますね。それよりも面白いと思ったのは、地頭正作は、これまで給田と同じ、つまり給田＝正作と考えられていたのですが、それが単純にそうはいえないことが、これでとてもよくわかった点です。地頭給田がそのまま佃《つくだ》であり、正作だと思っていたのですが、給田は検注帳上の地頭の給分であり、いわゆる「浮免」で必ずしも特定の田地が地頭給田であるとは決まっていなくてもいいということです。

笠松　つまり、外から見たのでは全然わからないということですね。ここだって一、二町やっていたわけですから、そこは自分の住んでいる家のそばか何かの、いちばんいいところかもしれない。

網野　そうでしょう。たぶん地頭政所のそばだと思いますね。

笠松　名田と給田は区別があるのかないのかわからないほどになっているけれども、そのほかでも、正作という概念と違うのですね。

網野　レベルが違うということですね。給田・名田は、土地制度上の規定で、正作は現実の地頭の農業経営、生活の問題だということでしょう。

笠松　そうなってくると、また話がちょっとおかしくなると思うんです。名目上の給田とかだったら、実際に百姓につくらせていても、これはもともと給田なんだからとかいって、この年はそこからたくさん取り上げるとか、そういうことをやりそうなものだけれども、そういうことはやらないのですね。

網野　それは百姓に反発されて普通の常識ではできないでしょうね。

笠松　自分で種子を下行《げぎょう》して耕作をやるというわけでしょう。

網野　地頭の給免田も斗代《とだい》(14)が決まっているでしょうから、百姓はそれ以上は出さないでしょう。しかし自分で直営地にし、正作として耕作すれば、やりようによっては、斗代より多額なものが確保できるのではないでしょうか。

笠松　いままで地頭給田十町とかいって年貢は出しているけれども、実際に全部入ってきているというのは、この一、二町しかなかったということなのですね。

網野　給田の年貢は地頭の収入になるでしょうね、その中で一、二町を正作としていたということだと思います。

笠松　そうすると、百姓には種子を払わなくてはならない、上には年貢を出さなければならないということになるでしょう。

網野　ただ給田は年貢分が地頭の収入になるんですよ。

笠松　名目上はね。

網野　一、二町を引いたあとの名目上の給田についても、斗代できまった年貢は普通なら地頭の手中に入ってくると思いますよ、しかし正作にすればそれ以上の収穫を直接取れるわけです。地頭給の年貢は、領家が徴収した年貢の中からそれに相当する分を給分として地頭がもらう形ですね。このように地頭給として、面積だけきまって、年貢からその相当分が除かれるような形とは違って、正作は直《じか》に自分で経営している給田の中の一部なんですね。だから、給田・名田の次元と正作の次元とが違うことが、これではっきりわかったのが収穫だったのです。前から疑問があって、どうなっているのかなと思っていたのだけれども……。

笠松　私みたいな素人には当然ですが、網野さんのような、社会経済史にはもっとも強い人でもそうですか。

網野　そうですね。これまでは制度と生活の問題をすぐに直接つなげて考えていたのですよ。

笠松　だけど、戦後、しばらくは社会経済史をみんな夢中になってやっていたわけでしょう。何十年も経って、この史料なんかでも、みんな何度も見ているはずなのに、素通りしているのかしらね。

網野　そういう話はいっぱいあると思いますよ。

笠松　それはどこでもそうですね。社会経済史が悪くて法制史がいいというわけではないので、法制史だっていばれることはないのはもちろんですが。

註

（1）**耕日**　土地を耕すなど、耕作を行う日。

（2）**殖日**　田植えなど、農作物を植える日。

（3）**草取日**　草取りを行う日。

（4）**紀伊国和佐荘**　紀伊国名草郡（現在の和歌山市）の荘園。

(5) **田人**　たびと・たひと。田を耕作する人。
(6) **牛尻取**　農耕具犁を引かせる、牛を後ろから操ること。
(7) **春米春**　春米はついて白くした米・精米を意味する。ここでは、そうした米をついて精白することをさす。
(8) **門肥**　それぞれの家が負担・調達する田地に敷きこむ肥料。
(9) **結**　主に労働力を相互に交換しあうことをいう。いわゆる協同作業とは異なり、ある労働力の提供を受けたらそれに相当する労働力を提供するのが基本となる。
(10) **地本**　得分に対し、下地・土地そのものを指す語か。
(11) **資縁**　仏語。仏道修行の助けとなる衣食住をいうが、ここでは在京費用のこと。
(12) **検注帳**　検注（六九頁の註(30)を参照のこと）の結果を記した帳簿。
(13) **正作**　通説では、中世の荘園における領家の直営田、佃《つくだ》に対して、荘官・地頭らの手作り田を指す。
(14) **斗代**　荘園・公領において、田畠一段から徴収する年貢高。

第九条　十二番頭一人別に伝馬一疋、相あはせて十二疋、地頭下向のため京進すべき事

一、十二番頭一人別に伝馬《てんま》一疋、相あはせて十二疋、地頭下向《げこう》のため京進すべき事、
右、覚秀の申すごとくんば、景時と云ひ、当地頭と云ひ、伝馬役一疋と雖もその例無し、況んや十二疋をや、新儀たるに依り、向後を恐れ訴へ申すところなりと云々、光信の陳ずる如くんば、

先例無きの由、その謂れ無し、清重と云ひ、光信と云ひ、領知四十余年の間、京上無きに依り、その催し無し、地頭の身として、いかでか伝馬を催促せざらんやと云々、てへれば先例無きの由、地頭承伏の上は、勿論か、同じく新儀有るべからず、

笠松　第八条はそれでいいとして次に第九条です。「十二番頭一人別に伝馬《てんま》一疋、相あはせて十二疋、地頭下向《げこう》のため京進すべき事」。

網野　この時代の伝馬《てんま》(1)はどういうシステムになっているのでしょうかね。古代や戦国期の伝馬は、宿駅《しゅく》(2)にあって連絡を次々にしていくという制度ですね。しかしこの中世の伝馬は京進して地頭が伝馬として使うわけなのでしょうかね。

笠松　これも地頭下向というから、京都から地頭が現地に来るための下向ですよね。この条は最後のほうだから、話は大事なところからだんだん大したことじゃないところに来るんですが……。

網野　これは地頭下向のための伝馬だから、宿駅の伝馬とは違うでしょう。

笠松　そうですね。それで何を積んでくるんでしょう。積むのでなくて、人間が乗ってくるのですかね。十二匹も必要というのはどうなんでしょう。

網野　人の乗ってくる可能性もあると思うんです。

笠松　地頭だって、もちろん自分の馬に乗っていっているわけでしょうから。

網野　家人も乗るし。乗り換え用の馬を持ってくるでしょうしね。
笠松　でも、あそこは京都からだったら近いですね。
網野　すぐですよね。
笠松　何時間ぐらいかかるんですか。朝出たら日は暮れないでしょう。
網野　馬の普通のスピードならアッという間に着きますよ。
笠松　それなのに十二匹もいるんだ。だから、「下向」というのがなんとなくいやな感じがするんだ。
網野　もしかしたら鎌倉や東国への下向かもしれませんね。
笠松　そうすると、「京進すべき」ですから、さっきのと話が違ってきて、京都から直接駿河へ帰るということになるんですね。
網野　将軍がいるのはいつまででした？　十月でしたっけ。
笠松　この二、三日前に帰るんです。
網野　それでは、地頭下向は本当に東国への下向かもしれませんね。この時代、鎌倉からどこかに行くのを下向といいますか？　京都からの下向ではなくて……。
笠松　鎌倉からどこかへ行って、本国に帰っても、下向というんじゃないでしょうか。
網野　いまの都に上る、下るとは違いますね。どこでも下向は下向ですね。

笠松　話のついでにいうと、入洛《にゅうらく》、出洛《しゅつらく》という言葉がよくわからない。出京というと、普通なら京都から出てくるように感じるじゃないですか。

網野　京都に出るということでしょう。

笠松　そうなんですよ。それも使うんですよね。たとえば『満済准后日記《まんさいじゅごうにっき》』(3)で、満済が「本日出京」と書いてあるから、京都を出ていくのかと思うと、醍醐から京都に行くのが出京だったりするわけです。入洛・出洛も一概にはいかないですね。

網野　注意しておいたほうがいいですね。入洛ははっきりしていますけれどね、それにしてもこの下向の先がどこなのか、簡単にはいえませんね。荘園の現地に帰ってくる下向のためだったら、百姓がそれほどに文句をいうこともないでしょうからね。

笠松　そう思うのですけれども、このへんはこれでいいです。

網野　伝馬は問題だし、百姓がこれに応じうるだけのたくさんの馬を持っていたことは注意しておいてよいことですね。

註

(1)　**伝馬**　古代、宿駅の間を往復するための馬が置かれ、公的な交通や文書の伝達のためのみに使われ公的に管理された馬が駅馬、それ以外に用いられた馬を伝馬と呼んだ。中世になると荘園領主や地頭などが交通の便宜を図るために独自に伝馬を発展させるが、それも戦国期になるとかなり制度化された形で伝馬が整うようになった。

（2）**宿駅**　主要な街道あるいは河海の港など、交通の要所に設けられた、宿泊施設や馬の乗り換えを行う中継地。宿と駅とは元来異なる概念であり、中継地の実体は時代と共に変化するが、伝馬制が整う過程で宿駅としての形が成立していった。ちなみに駅とは官営的側面が強く、一方宿は民間によって経営され、そこでは馬が供給されたり遊女なども集住した。

（3）**満済准后日記**　十五世紀初めに、醍醐寺の座主であり足利三代将軍の相談役であった満済の日記。応永十八（一四一一）年から二十五年間の記述があり、欠落部分も少なく、当時の政治・社会を考えるための貴重な記録。

第十条　社家進止の公文、新儀を以て地頭方に召し仕はんと擬する事

一、社家進止の公文、新儀を以て地頭方に召し仕はんと擬《ぎ》する事、
右、覚秀の申す如くんば、梶原以後既に四十年、地頭その綺《いろ》ひ無きの処、今新儀を以て、社家一向進止の公文に相綺はんと擬するの条、その謂れ無し、且は下司職を以て、地頭の字に改められる事、鬱訴《うつそ》たりと雖も、本司の例に違はざるに依り、歎きながら年を送るの処、剰《あまつさ》へ公文職に綺はしむべけんや、且は年々地頭名所当の切符敢へて公文の判形《はんぎょう》無し、両方召し仕ふにおいては、いかでか判形を加へざらんやと云々、光信の陳ずる如くんば、先年地頭代、公文大光（岩カ）法師の許に寄宿し畢ぬ、召し仕はざればいかでかその儀有るべけんや、惣じて諸国庄薗の習、何れの所、公

文を以て、地頭方の公事を申し合はせざらんや、縦ひ召し仕ふの号有りと雖も、さして木を伐り薪を苅るべきに非ず、只文書の故実を以て、庄内公事に申し合はすべきなりと云々、てへれば文書并《ならび》に地頭方公事に相従ふの条、社家として何の煩ひ有らんや、しかるに清重と云ひ、光信と云ひ、地頭に補して四十年と云々、その間公文を召し仕はざるにおいては、今更新儀有るべからず、以前十箇条件の如し、

嘉禎四年十月十九日

（北条時盛）
越後守平（花押）
（北条重時）
相模守平（花押）

笠松　少し先を急ぎましょうか。最後の第十条です。「社家進止の公文新儀を以て地頭方に召し仕はんと擬する事」です。これはやっかいな条ですねえ。

網野　これは面倒なところがありますね。

笠松　「覚秀の申す如くんば、梶原景時以後既に四十年、地頭その綺《いろ》ひ無きの処」とあるけれども、「綺い」という言葉は私にはなつかしい。汚いものに触ろうとしたときに母が「それをいらっちゃい

けない」といったり、あるいは、人に干渉したり、口を出したりするときにも「いらう」というんですよ。それがこの「綺い」なんですね。

網野　まさしくそうですね。

笠松　私の手もとにある方言辞典を見ると、「干渉する」という意味で使う「いらう」という言葉は熊本の方言で、関西には出ていませんが、そんなはずはないんで、関西のほうでも確かに使っているはずです。だいたい「綺」なんていう字はないのですよ。

網野　この字は国字(1)でしょうね。

笠松　「社家一向進止の公文に相綺《いろ》はんと擬《ぎ》するの条」。「擬する」（まさに……しようとする）で思い出したのですけれども、前のところの伝馬役もべつに取られているわけではないのですよね。

網野　断ってしまっていますからね。

笠松　いまでいえば、まだ実害が生じていない問題についても、こういうふうになっているのですね。ここも、予防的に「相綺はんと擬する」というので……。

網野　そういう話が、いちばん最後に来ているわけですね。

笠松　「謂れ無し」というわけで、ここで「且は下司職《げすしき》をもって、地頭の字に改められる事、鬱訴(2)たりと雖も……」となって、「歎きながら年を送るの処、剰《あまつさ》へ公文職に綺はしむべけんや」。ここまではいいですよね。

網野　これは、どうなんでしょう。「地頭の字に改め」たといっているけれど松尾社自身が地頭職をきらっているわけでしょう。

笠松　それにはもちろん文句をいうはずはない。景時が失脚したときに、地頭になっちゃった。景時は代官だったわけでしょう。それが地頭の正員《しょういん》になってしまったもので、それを怒っているわけです。

網野　本来は下司職だったわけですからね。

笠松　松尾社家としては、本来は下司職でも自分が地頭になったから、景時は追い払われれば、またもとの下司職として自分の進止下にもどるか、地頭代として入ってくるのなら納得出来たでしょうが、地頭正員に飯田が補任されたのは永年の不満だったがといっているわけです。ちょっと混乱していますけれども、「下司職を以て、地頭の字に改められる」ということですね。

そこはいいんですけれども、「剰《あまつさ》へ公文職に綺はしむべけんや……」。公文職のほうにまで地頭側が干渉してもいけないというわけですが、「且は年々地頭名所当の切符敢へて公文の判形《はんぎょう》(3)無し、両方召し仕ふにおいては、いかでか判形を加へざらんや」というところで、この「切符」はどう考えるのでしょうか。地頭名の所当に公文の判形がないという。地頭も領家も両方で召し仕っていたら、地頭名の切符に公文の判形があるはずだというわけですよね。そうすると、その場合の切符というのは何なのか。

第一条のときの話にもどることになりますが、地頭名の切符というのは、地頭が公文を召し仕っているから公文の判形があるはずだというわけですから、地頭に召し仕われている者としての公文が書くわけですね。そうしますと、地頭名所当の切符というのは地頭が出すことになりますね。そうすると、支払命令書だという切符というのと全然話が違ってくるのじゃないでしょうか。

網野　この場合は地頭名だから、地頭の管轄している所領だから、その年貢を地頭に渡せという切符を出すということでしょうか。

笠松　地頭が？　そんなことはないでしょう。「いかでか判形を加へざらんや」というのは、当然、今現在領家側が持っている切符のことをいっているわけでしょう。それでなきゃそんなことはわからないですよ。ずっと前の話だし……。

網野　ああ、そうか。地頭が持っていてはおかしいですね。領家の方にあるのですからね。

笠松　だいいち地頭が下の百姓に切符を出すわけはないんで、当然、領家側に出したんでしょう。第一条の切符も、領家が持っていた切符に年貢を払っているかどうかという証拠に出しているわけですからね。これも、公文は地頭の使用人として判形をしているわけですから、地頭が下の百姓に支払命令なんか出すわけはない。地頭が領家に出した文書が地頭名の切符ということにならざるをえないと思うのです。そうだとすれば、第一条のも領家側が持っている切符を何石払ったという証拠に出せと地頭が要求して社家が出してきたこともわかります。そうすると、切符という用語が、どうも支払命令書では話がおかしくなってしまう。

網野　たしかにそうですね。

笠松　だけど、年貢も出す、文書も出すというのも話がおかしいですね。だいたい文書というのは、たとえば売券の場合お金と交換に土地を売ったらお金はもらって売券《ばいけん》(4)は向こうにいく。そういう機能で、みんな交換になるわけでしょう。今の場合、所当を領家に払う。切符も領家に持っていく。そういう普通の文書のあり方と全然違う動きをしているわけですね。

網野　領家に払ったときには、払ったものに領家側から返抄《へんしょう》が来るはずですよ。

笠松　それはあるかもしれないけれども、そうすると、切符というのは何の機能をもっているかということになるでしょう。

網野　だから、そのときに、どういう判形を加えているかということですね。

笠松　たとえば、五石なら五石ある。たしかに五石ありますと公文が認めたという意味ですか。

網野　まず領家のほうから米を出せという切符が来ますね。それに対して米を出すとき、切符に、地頭にせよ公文にせよ、判形を加えるということはどうでしょう。あるいは地頭のところに切符が来て、地頭はそれを見せて現地から米を取り上げ、その切符とともに領家のほうに米を納めたと考えたらどうですかね。

笠松　納税者は地頭だけれども、徴税令書、つまり、領家から切符が来て、それを納めるときに判か何かを押して、ものと一緒に元へ返すということですか。

網野　切符を返したら、返抄が領家から出て、年貢を出したほうは返抄をもらうわけです。そのとき間にいる金融業者が自分の財力で納物を納めて、返抄を集めて在地から実際にものをとっていることもあるわけですね。考えてみると、切符は東大寺にたくさん残っているのですね。

笠松　だいたい払うほうに残っていたら、いまは一つも残っているはずはないのでね。

網野　切符の場合は残っているのですよ。割符は実物はないようですけれどもね。国司庁宣《ちょうせん》や国符が東大寺に残っているのは、徴税令書が徴税者の方に残っているわけですね、そう考えないとわからないでしょう。

笠松　一般に、文書がつくられて、それが機能して、またそれが元のところに返ってくるという動きをする文書というのは、ほかにありますか。

網野　たしかに、あまり考えられませんね。

笠松　手紙の勘返状《かんべんじょう》(5)とか、債務の終了した借用状くらいしか私には思いうかびませんが。

網野　しかし、そうでも考えないと難しいでしょう。

笠松　元へ返ってくるというふうに考える以外だったら、切符は、はじめから領家のほうから出したものではないと考えなければしょうがないでしょう。支払命令書という場合はもちろんあるのでしょうけれども、この史料の場合は別に考えないといけないような気がします。

網野　文書そのものを受取と交換することは、考えられないかなと思ったのですが、どうでしょうね。

笠松　そうかもしれませんね。ちょっとわからないですね。この切符のところははっきりしたいんだけれども……。

網野　そういう意味でも、この裁許状は珍しいですね。切符がこういう形ででてくるのはあまり例がないですよ。

笠松　昔、宝月先生に習ったとき、先生は何と言われたのかなあ。残念ながらまったく記憶がないのです。

網野　ぼくも全然記憶がありません。だいたい切符などには注意しなかったから。

笠松　ごく最近ですものね。

それから、「光信の陳ずる如くんば、先年地頭代、公文大光《だいこう》法師の許に寄宿し畢《おわん》ぬ、召し仕はざればいかでかその儀有るべけんや」というわけで、普通だと話がおかしいのですよね。(6)

網野　ふつうと逆ですね。

笠松　地頭代が公文のところに寄宿してきた。それが地頭代が公文を召し仕った証拠だというわけですよね。これはどう解釈したらいいのでしょうか。

網野　寄宿してきた人が宿主《しゅくぬし》の自由にされてしまうという話のほうが普通ですがね。

笠松　これは逆になっているのでしょう。「寄宿」という言葉なんですけれども、これまた日葡辞《にっぽじ》書《しょ》(7)なんですが、「寄宿」というところを引いてみますと、「ある家に何人をも宿泊せしめない（でもよい）というときの免許」だと書かれています。つまり、寄宿というのは、ある家にだれかを宿泊させなくてもよいということ。一般にはだれでも寄宿させなければならないのだけれども、免許を与えると、寄宿させなくてもいいということになる。「寄宿」という言葉に別に「免許」というような訳が付いている。

前提を転換させて、一般にだれかがどこかに寄宿するということを断ることが難しいような状態を考えてみます。すると、寄宿を断るという権利が生じてきます。「断る」という権利が出てくると、「寄宿する」というのもひとつの権利みたいなものなのです。

ここでいえば、地頭代が公文のところに寄宿できるという権利という考え方ができるとすれば、できるのはなぜかというと、召し仕っているからこそということになり、つまり、公文のところに寄宿したという事実を、地頭代が召しつかったという証処にすることができる。そういうふうに発想を転換させれば何とかわかるわけですが、そうとでも考えなければ、ここの部分は全くわかりません。

日葡辞書の例は、「寄宿」という言葉を説明したのか、寄宿の用例を説明したのかちょっとよくわからないので困るのですが。

われわれは、恩恵で寄宿させてもらうと考えますね。戦国法なんかを見ると、寄宿させたほうは、連座みたいになっちゃって、寄宿している者が犯罪をおこせば、宿主のほうも罪になってしまう。普通はそういうような気がしますね。特定の人間だけについては寄宿できるという権利だとすれば、一応は話は通じますが。

網野　普通の場合は、反対ですね。

笠松　普通なら「寄宿させてやる」というわけだけれども……。

網野　『とわずがたり』にでてくる例で、宿を取った女性がその宿の主人の下人にならなければならないという話がありますね。それが普通ですけれどもね……。

笠松　日葡辞書の解説がそういうふうに書いていたので、「寄宿できる権利」というふうなものを考えてみたのですが。

網野　なるほど。寄宿できる権利は思いつかなかったですね。

そうすると前にでた、旅人を寄宿させる義務ということにもなりますね。そういう方向で「寄宿」を考える必要があるということは、いままで考えたこともありませんでした。だから、これを読んでなんだか変だなと思ったのです。

笠松　だれだってそう思いますよね。

網野　それから、「何れの所、公文を以て、地頭方の公事を申し合はせざらんや」となっていますが、「公文」の役割についてのとらえ方として面白いですね。

笠松　ここのところの公事にしても、いわゆる公事というのとは全然違って、本来の意味の公事に使っているんですね。公の事務という意味でしょう。

網野　まさしく公のことですね。「庄内公事に申し合はすべきなり」ということですから。これが後年訴訟を公事というようになってくる源流でしょうか。

笠松　訴訟を公事というのは、訴訟がおおやけごとだから公事ともいうようになってくるということでしょう。

網野　これは公の事務と考えればいいわけですね。

笠松　公文は荘の事務方の筆頭者だから、故実《こじつ》でも何でもみんな知っているから、そういうことをやってもおかしくないというわけです。だから、「召し仕ふの号有りと雖《いえど》も、さして木《き》を伐り蕩《まぐさ》を苅るべきに非ず」ということになります。

網野　「木を伐り蕩を苅る」というのは百姓にやらせることで、召し仕うということはそういうことではなくて。「文書の故実を以て、庄内公事を申し合はすべきなり」というわけでしょう。公文の職掌《しょくしょう》を考えるときに、これはいい事例になります。公文は、文字通り公の文書を扱う役職ととらえられていますが、一般的にいって、こういう役職が各荘園にあるということは、当時の知識、教養を考えるうえで重要なことだと思いますね。

公文の進止については、地頭と領家の間でどこの荘園でも大変大きな問題になっています、そこには、文書の故実の問題があると思いますね。

笠松　地頭がポッと入ってきても全然わからない。公文に聞かなければならないことが多い。台帳も何も持っていないわけですからね。

網野　太良荘《たらのしょう》の公文の禅勝《ぜんしょう》は大田文《おおたぶみ》(8)をはじめたくさん帳簿を持っています。やはり公文がいろいろな公的な文書を持っていますよ。しかし公文は、名主クラスの百姓でも補任される役職ですからね。

笠松　第三条には、公文の後見《こうけん》が出てきたでしょう。それで、ここのところで非常に印象的なのは、幕府の判決に「てへれば文書幷《ならび》に地頭方公事に相従ふの条、社家として何の煩《わずら》ひ有らんや」と言いながら（笑）、「しかるに……」といって「公文を召し仕はざるにおいては、今更新儀有るべからず」と逆の結論を下している。これはちょっと珍しい。これほどのことは、いくら幕府の裁許状でも珍しいですね。幕府が自分で「何の煩ひ有らんや」といっているのに……。

網野　「新儀有るべからず」になっちゃうのですからね。

笠松　結論が先に出ていたので、ここだけこういうふうに尻尾が残っちゃったみたいだけれども……。それで、「以前十箇条件の如し、」ということです。

網野　これでようやく終わりましたね。

笠松　最後に、署判(9)の体裁なんですけれども、越後守平、相模守平というわけで朝臣《あそん》がないんです。朝臣という、普段使っている言葉が情ないのですが私にはよくわからないんです。『日本国語大辞典』

（小学館）なんかですと、たとえば平朝臣、藤原朝臣というふうに、姓《かばね》の下に朝臣を付けると三位以上で、名字の下に朝臣を付けると四位、五位の人であると解説しています。ところが、それはいつも通用するとは限らないんですよ。

網野　公家《くげ》の文書では、きちんとそういうふうに書いてある文書もありますけれどもね。

笠松　このときに、時盛《ときもり》はわかりませんが、重時のほうは、貞応二年、つまり、これより前に五位になっているんですよ。だから、四位、五位に入っているのに朝臣を使っていないんです。ところが、泰時《やすとき》の場合を見ると、五位になってから朝臣を使っているみたいなんです。この場合、重時《しげとき》はすでに五位になっているのに何で朝臣を使わないのか。そのへんが私にはわからない。

六波羅下知状の重時の署判が朝臣になるのはいつになっていますかね。

網野　寛元《かんげん》では朝臣になっている。左近将監《さこんしょうげん》のときは平ですよ。ただ、陸奥守平だけれども、弘安《こうあん》元（一二七八）年の文書では平で、同じ年に同一人物で朝臣を使っていないのもある。

笠松　そうですか。そうなると全然わからなくなってしまう。こういうのは私はまったく弱いのです。佐藤先生に聞けば一発で教えてくださると思ったんだけれども、余りに初歩的な話でうかがってみる気力もなかった（笑）。

網野　今度までに伺っておいてください。

笠松　花押《かおう》の話も聞いておきます。それではこれで終りですね。

註

（1）**国字**　ここでは、峠などのように中国にはない、日本において創り出された漢字のこと。

（2）**欝訴**　不満を訴えること。ここでは内面的な不満をさす。

（3）**判形**　書いた判で自署のこと。花押の別称でもある。

（4）**売券**　売買、とくに土地に関する売り買いの際に、売り手から買い手に渡される証文。中世において土地の売買は単に売ってしまえば終わりというわけではなく、徳政や悔い返しなど売買後も様々な問題が生じる可能性があり、それを避けるため様々な内容が載せられ、形式も多岐であった。

（5）**勘返状**　古文書学上の用語で、書状を受取った者が、その書状に返事を書きこんで送り主に返送した文書のこと。

（6）**寄宿**　宿を借りて宿泊したり、他人の家に身を寄せて暮らすこと。

（7）**日葡辞書**　十七世紀初め、イエズス会の宣教師によってつくられた日本語をポルトガル語で説明した辞書。中世末期の日本語の意味を知る上で、重要な手がかりとなる。

（8）**大田文**　平安末・鎌倉時代、一国ごとに荘園や国衙領の名称や面積、領有関係を記載した文書。国司が作らせた大田文と鎌倉幕府の守護が作らせたそれとが存在する。

（9）**署判**　文書を書いた者が、文末などに自ら署名し花押などの判を押すこと。

Ⅱ

宿の傀儡の勝利

——駿河国宇都谷郷〈関東下知状〉を読み解く——

1 はじめに

笠松　この相論《そうろん》は、久遠寿量院《くおんじゆりょういん》の寺家雑掌《じけざつしょう》が被告、原告は宇都谷郷今宿《うつやごういまじゅく》の傀儡《くぐつ》[1]で、法廷は関東（幕府）という裁判です。裁許状《さいきょじょう》の原本は今、加賀前田家の尊経閣《そんけいかく》[2]文庫に伝わっています。

ところで、この裁判は傀儡側が勝訴したので、裁許状の正文《しょうもん》は傀儡のほうに残るのが一般的な原則です。ただ、傀儡はともかくとして、これが一見まったくゆかりのない前田家の尊経閣に残っており、尊経閣には東寺《とうじ》[3]（教王護国寺）の子院《しいん》[4]の宝菩提院文書《ほうぼだいいんもんじょ》の一通として保存されているのですが、それではなぜ宝菩提院文書として伝来したかということが問題になるわけです。この文書を取り上げたときには、私も網野さんもわかりませんでしたが、先日、東京大学史料編纂所の高橋敏子さんや本郷恵子さんに、昭和三十九年に出た櫛田良洪さんの『真言密教《しんごんみつきょう》成立過程の研究』にそのことが詳しく書いてあると教えてもらいました。

まず久遠寿量院というのは、鎌倉幕府の将軍頼経《よりつね》の持仏堂《じぶつどう》[5]として嘉禎《かてい》二（一二三六）年にできたお寺です。この院名《いんめい》になったのは寛元《かんげん》元（一二四三）年暮れのことです。『吾妻鏡《あずまかがみ》』にこの名前がはじめてはっきり出てくるのは、寛元二年正月です。頼経は翌三年にこの院で出家し、当時はすでに頼経は将軍位は退いておりましたがまだ鎌倉にいましたが、翌四年の七月に政変があり、北条氏の力によって京都に追放されました。この事件がこの相論に大きな影響をおよぼしています。

そして建長元《けんちょう》（一二四九）年にこの相論がおこるのですが、もうひとつ、建長元年という年は、幕府の訴訟制度では画期的な年でありまして、元年十二月、この相論が終わったすぐに、引付制度《ひきつけせいど》(6)が発足します。ですから、これは、引付制度ができる以前の史料としては、現存の裁許状で最も新しい相論になるわけです。

さて『吾妻鏡』には、建長二年九月まで久遠寿量院という名前が出てきますが、それ以後はこの寺名は出てこなくなります。

そこで櫛田さんの説をごく簡単に要約しますと、久遠寿量院の別当職《べっとうしき》(7)を相伝した醍醐寺の地蔵院流の房玄《ぼうげん》という僧侶が、醍醐寺《だいごじ》(8)の清浄光院《しょうじょうこういん》の院主になり、その流派が東寺の宝菩提院を兼帯する(9)という格好になった結果、宝菩提院文書として東寺に伝わった。それが近世になって前田家のほうに文書として移り尊経閣の文書として今に伝わったということになります。はっきりしたことはわかりませんし、その間、別当職《べっとうしき》をめぐっていろいろな相論があり、複雑な問題がたくさんあるのですが、一言でいうとそういうことになると思います。

しかしいちばんわからないのは、この相論は傀儡が勝訴したわけですから、本当は傀儡のほうに文書が残らなければいけないのに、敗訴した寺家のほうの久遠寿量院の文書として原本が残ったということです。これはいまでも私にもわからないナゾなのです。

これは私の推測なのですが、可能性としては二つぐらいしか考えられないのではないでしょうか。

一つは、傀儡という当事者の特異性に関係があるということ。つまり、傀儡に文書が伝わらず、領主ともいえるところに文書が何らかのかたちで吸収されてしまったということではないか。

二つ目の可能性としては、七箇条すべて傀儡の勝訴は間違いないのですが、この文書の最後のところに、「預所《あずかりどころ》(10)は新儀非法を行ふべからず、傀儡は亦先例の所役を闕怠(11)すべからず、両方この旨を存知すべき……」と書いてあることとです。相論が、裁判の判決という形で結着しても、それが相論両者の和与《わよ》(12)という格好になったときは、両方に文書が下されるわけですけれども、それと同じように、この裁許状が、もしかしたら傀儡と院家の両方に下されたかもしれない。そのうち院家に出されたものが今に残ったとも考えられる。これはかなり苦しい推測ですが、そのくらいの可能性しか私としては想像がつかないのです。

また相論の裁判者である幕府がどういう立場に立っているかということは、久遠寿量院が将軍の持仏堂の後身であるという点で、幕府を単純な第三者ともいえない、複雑な要素をもっていることは確かであり、そういうことも関連しているのかもしれません。常識的には、傀儡のほうに残るべき文書だったわけで、そうすれば、当然、いま伝わるはずがないのですが、それが何か特殊な原因で負けたほうの院家の文書として伝わり、更に複雑な伝来過程を通していまに伝わってきたわけです。

以上いまなぜここにこの文書が残っているかということと、被告である久遠寿量院がどういうお寺であったかということは以上のようなことなのですが、原告である傀儡については、網野さんが詳しいので、網野さんからお話しいただきたいと思いますし、またいまの説明について補足があったら、それもお願いいします。

網野　この文書が久遠寿量院から宝菩提院に行き、前田家に移ったという経過は、はじめてうかがったことで大変重要かつ興味深いお話でした。それを補足する意味で私がこの文書を見て問題と思う点をいくつかあげてみます。

まず今宿という場所についてです。最近完結した『静岡県史』の最後に出た「通史編中世」の中に、久遠寿量院の所領として「内谷郷」が出てきます。これは「ウツタニゴウ」と呼ばれているようですが、とすると宇都谷郷の場所が問題になってくるわけです。宇津ノ谷峠という峠があり、東海道の難所になっていますが、これまではこれが宇都谷郷と関係させて考えられてきました。しかしこの地名を内谷郷としますと、岡部の中の地名として考えられるのです。そうなると、宇津ノ谷峠から離れるけれども、この考え方のほうがよいのではないかと私も思っています。また内谷郷の今宿は別の史料にも出てくるようですから、宿があったとみてよいと思います。

傀儡について、後藤紀彦さんの研究(13)などによって知られるようになっている常識をまとめておきますと、傀儡についての詳しい記述として大江匡房《まさふさ》(14)の『傀儡子記《くぐつき》』(15)があります。ごく短い文章ですが、これが大変有名で、これを読みますと、傀儡は、定住していないで水草を追って移動する。北方民族に似ていて、男は馬と弓をうまく使って狩猟を主としている。あるときには、二つの剣を躍らせて七丸(16)を弄《もてあそ》んだり、木製の人形を遣って争いをさせて遊ぶという、いわゆる人形遣いをやっている。さらに「沙石(17)を変じて金銭と為し、草木を化して鳥獣と為し」とありますから、奇術や人形遣いをするのは男性のほうで、女性は、お化粧をして遊女《ゆうじょ》と同じような生活をしているということです。「倡歌淫《しょうかいん》楽《らく》して、もて妖媚《ようび》を求む」とか、あるいは「亟《しばしば》行人旅客に逢ふといへども、一宵の佳会《かかい》(18)を嫌はず」とありますから、遊女と同じだと思います。

これはあとで問題が出てくると思いますが、「一畝《うね》の田も耕《たがや》さず、一枝の桑も採《つ》まず。故に県官に属《つ》かず、皆土民に非ずして、自《おのづか》ら浪人に限《ひと》し。上は王公を知らず、傍牧宰《かたがたぼくさい》(19)を怕《おそ》れず。課役なきをもて、一生の楽と為せり」といわれていますから、まったくの自由の民だということになっているわけです。

この大江匡房の『傀儡子記』での傀儡の記述が、のちのちまで強烈な影響をおよぼしているため、傀儡はもっぱらこういうイメージでとらえられがちだったのですが、史料に即して実態を見ますと、たしかにあちこちを遍歴して歩いていることは間違いないけれども、男性の活動と女性の動きとには多少とも違いがあります。男性はたしかに人形を遣ってあちこちを遍歴しているようですが、女性は、主として東海道に顕著に見られるのですが、宿に根拠を置き、そこで遊女と同じような役割を果たしていた形跡があるのです。

これは有名な話ですが、後白河上皇[20]が今様《いまよう》[21]に打ちこみ美濃の青墓《あおはか》[22]をはじめ、あちこちの宿の傀儡を呼び寄せ、傀儡の女性たちから今様を習ったということが、『梁塵《りょうじん》秘《ひ》抄《しょう》』[23]にでてきます。それを見ますと、傀儡とそこでいわれている女性は、遊女と同じ役割をする人として取り扱われており、宮廷に正式に仕えていますから、匡房の表現しているような傀儡を直ちにこれに投影すると、やや実態からはなれてしまうことになるかもしれません。

また、一例しかありませんが、伊予国の「道々の者」という、「職人」が国から保証されている免《めん》田《でん》を記載している文書が建長七年（一二五五）にありますが、そこに木工、紙工、轆轤《ろくろ》[24]師、銅細工師と並んで、傀儡師の免田もあります。ですから傀儡師は、国衙《こくが》[25]から免田を保証されて活動している職能民であり、男性の場合はたしかに、人形遣いをやって移動しているし、女性の場合も、国衙から免田を保証されて、なんらかの奉仕をしている職能民という性格をもっていたと考えざるをえません。

ですから、『傀儡子記』のイメージで見るよりも、こういう文書を通じて傀儡の実態を考えていくほうがよいと思うので、そういう点では、この文書を読むことは傀儡の実態を考えてみる上で大変に面白いと思います。そして、このように、傀儡が訴訟の一方の当事者になっている裁許状は、あらゆるこうした文書のなかで唯一だと思うので、その意味でもたいへん貴重だと考えられます。

そこで、先ほどの話を聞きながら思ったことですが、書き出しが「久遠寿量院領駿河国宇津谷郷今宿」となっていますから、今宿は久遠寿量院の所領の内に入っていることになりますね。宿の機構がどうなっているのか、よくわからないけれども、宿が永続性をもつ集落あるいは組織だったとしたら、それとは別に、久遠寿量院の寺家とは別に宿を管轄する機関があり、そちらのほうにこの文書が流れ込んでいった可能性はないでしょうか。宿の支配が、どうなっているのかが、よくわからないのですが……。

笠松　寺家以外に久遠寿量院に直結しているような宿独自の機構があったかもしれないということですか。

網野　これもまったくの推測に止まるけれども、寺家雑掌は土地、所領の支配に即して課役を課しているのですが、宿は全然、別の機能をもっているはずでしょう。だから、宿が久遠寿量院の中の別の機構に所属している可能性も、皆無ではないのではないか。また傀儡が自立した職能集団であったとしたらその帰属はどうなっているのかですね。こうした宿は国衙の管理下にあって、公領であることが多いと思います。遠江の見付《みつけ》の宿は国府の宿になっていますから、当然、国衙領です。

笠松　この場合は駿河ですから、国衙領といっても幕府になるわけで、そのへんで当事者と法廷との関係が微妙で、とても厄介なことになります。

網野　久遠寿量院領は、親玄《しんげん》(26)、房玄《ぼうげん》という流れに伝領されていくのでしょう。親玄は得宗《とくそう》(27)と非常に近い醍醐寺の僧侶ですから、たぶん頼経の持仏堂の所領は得宗領になってしまうのではないかとすら考えられますね。そうだとすると、この文書はちょうどその変化の境の時期に当っているわけで、寺家は、かつての持仏堂当時の系列で、傀儡を管轄している機関は、久遠寿量院の中に別にあるとも考えられませんか。

笠松　もしそれを強調すると、むしろ幕府のほうにひきずられるでしょう。独立性を考えますとね。

網野　宿が国衙領だったら、駿河守は北条氏ですから、そこのところはもう一つ問題になりますね。ただ、傀儡については細かく実態のわかる史料が少ないですからね。この史料はその意味で非常に貴重な史料で、こういう関係のなかにおいて考えると、さらに面白い問題がでてきそうな気がします。

笠松　歴史のほうで傀儡を考えられたのは、網野さんが岩波新書『日本中世の民衆像』で書かれた櫛を売る話が初めてみたいなものですね。

網野　あの史料はぼくではなくて、後藤紀彦さんが見つけられた文書で、ぼくは後藤さんのお許しを得て岩波新書で紹介しただけです。だから後藤さんに印税の一部を払わなければいけないのだけれども……（笑）。傀儡はいろいろな顔をもっているのですが、後藤さんが見つけられた香取社[28]の「田《た》所《どころ》文書《もんじょ》」[29]の中に年代がわからない蔵人所牒[30]の断簡[31]があったのです。最近、『千葉県史』の史料編にも出ていますが、後藤さんがはじめてそれを見つけられて、教えていただいて全くびっくりしたのです。御櫛造供御人《くごにん》[32]の訴訟に対する裁決の牒で、傀儡と唐人が自分たちの商売を邪魔をするというので櫛造供御人が蔵人所《くろうどどころ》に訴えたのに対する裁許の蔵人所牒を後藤さんがはじめて見つけたのです。これによって、傀儡の活動の一つに櫛を売るという動きがあったことが確実にわかりました。文字が読み切れないのですが白粉売とも関係があるかもしれません。いずれにせよ傀儡は商売をやっていたことは確実です。それが唐人と一緒にでてくるのも面白いのですが、商売をやっているのが傀儡の男なのか女なのかがわからないのです。

笠松　傀儡をクグツと読むというのは、私も歴史をやってから知ったのですが、私たちの世代から上の人はこの字は懐かしい字で、カイライと読みましたよね。私などは、小学生のときから、当時の中国の重慶政権のことを傀儡政権と教えられていました。

この「傀儡（かいらい）」というのは、いまの中国語の辞典でみると、操り人形という訳語もある。面白いと思ったのは、イプセンの『人形の家』を中国語では「傀儡家庭」というそうです（笑）。さらに、現代的にロボットのことも傀儡といっているみたいで、私は子供の時以来カイライとばかり思っていたら、これをクグツと読むというのでびっくりしたのですが、これをなぜクグツというのかというのも、またいろいろな説があるらしいですね。

『日本国語大辞典』には傀儡の語源がいくつも載っていまして、一つは、クグ（莎草）[33]という草で編んだ袋の意味で、その袋に人形を入れているからクグツという説で、折口信夫さんもその説をとっているようです。柳田国男さんの説は、同辞典によれば、莎草で編んだ袋を携帯しているからクグツと呼ぶというものですが、そのほかにも古くから傀儡説にはいろいろあるようです。

そこで、これが男か女かということなのですが、傀儡子となった場合は何と読むのでしょうか。

網野　傀儡師と書く場合は確実にクグツシと呼んだのではないでしょうか。しかし、傀儡子はクグツだけでいいのではないかと思います。

笠松　これは同じものでしょうけれども、幕府の法令のなかに一か所出てきまして、それが面白い法令なのです（鎌倉追加法四三五条）。妻が離別されたときに、その妻が旧夫からもらっていた所領をそのまま知行していいかどうかという問題が何時もあるわけですが、それに関係する法令でこういうのがあります。「次に非御家人の輩の女子、ならびに傀儡子・白拍子《しらびょうし》(34)および凡卑の女(35)等、夫の所領を誘ひ取り、知行せしめば同じくこれを召さるべし」。そこに並んでいるのは非御家人の女子と傀儡子と白拍子と凡卑の女であり、いったん夫婦の関係をもっていた夫から所領をもらったものを「誘い取り」と表現し、その収公(36)を定めている。全体的に御家人領を幕府のほうに保存しておこうという立場に立つ法令ですが、幕府法上の彼女たちの地位を知る上で面白い史料です。

ここに傀儡子とあるのは当然、女性だけをさしているでしょうね。

網野　ぼくもよくわからないのですが「師」という字が付いた場合は女ではないと思います。

笠松　人形遣いか何かですか。

網野　たぶんそうでしょう。ただ、「子」という字が付いた場合は、女性であってもおかしくないでしょうね。どこまで厳密に分けられているかよくわかりませんが、傀儡師は男ではないかと思います。実際、遊君で御家人や地頭と結婚した事例もずいぶんあるわけですし、この場合は白拍子《しらびょうし》とも並んでいますから、「傀儡子」が遊女的な女性だったことは間違いないでしょう。
ただ、本当に人形遣いの傀儡がでてくる事例として『今昔物語集』(37)巻第二十八第二十七の話がありますね。国司の目代《もくだい》(38)で傀儡出身の男が、たいへん文筆が巧みできちんと目代としての仕事をやっていたところへ、昔の仲間の傀儡の集団がやってくる。面白いことに、当時の国司目代は庭に向って事務をやっていたらしいのですが、そこに傀儡たちがやってきて歌をうたい笛を吹いて人形を回しはじめた。そうすると、目代のハンコを押すリズムがその踊りのリズムに合って「三度拍子」になってしまい、調子に合わせて体も動きだしてしまうという話です。この傀儡は音楽を交えた人形遣いの男の集団に間違いないと思うのです。ただこの目代は傀儡出身だけれども、その後も目代をつづけてやっていますね。

笠松　傀儡の集団というのは男も女もいるわけですね。一つの集団に男も女もいるということですが、男は人形遣いで、女のほうは遊女みたいなことをやっているのか。たとえば今宿の傀儡はどういう集団なんでしょう。

網野　そこのところがよくわからないのですが、この文書に出てくるかぎりは、完全に遊女的な女性の集団ですね。男のほうは全然わかりません。
あるいは、ここを根拠にして、いまのような芸能をやっている男性集団が別にいるのかもしれません。

笠松　もとは音楽関係の人形遣いみたいなので……。

網野　音楽は男女とも両方やるでしょう。

笠松　ただ、人形遣いのほうから傀儡という言葉は出てきているのでしょうかね。

網野　傀儡という言葉は間違いなくそこから出てきていると思います。『日本論の視座』（小学館）にいちおうその実像はまとめて書いておきましたが、「歌を歌い、笛を吹く」ということを男の傀儡はやっています。そうした傀儡の事例として、永久《えいきゆう》二（一一一四）年に、傀儡と従者を蔵人所《くろうどどころ》の小舎人《こどねり》定季《さだすえ》が刃傷し、その馬や綿を奪っている例があります。もうひとつ、建暦《けんりやく》二（一二一二）年にも、近江の吉富宿《よしとみじゆく》の傀儡と藤原定家(39)の家司《けいし》(40)の下人とが喧嘩を引き起こしており、傀儡が喧嘩をやっているから、女性ではないとは必ずしもいえないけれども、この史料からみると男性の荒っぽい集団という感じがします。したがって、宿にいる傀儡もけっして女性たちだけではなさそうですね。

笠松　そんなことはわからないでしょうが、家族形態みたいなものがあるのでしょうか。この裁許状でも婿ということが問題になっていますね。

網野　そこなんですよ。預所代が婿になっているから、これは傀儡であるはずはないですね。したがって、大江匡房が書いているように男は奇術をしたり人形をつかい、女は売春をしていたというのも、どこまでが実像で、どこからが文学的表現なのかがよくわかりません。この裁許状には、人形を操る傀儡の男は登場しないですからね。いずれにしても、その点は疑問として残さざるをえないと思います。

笠松　国房のいっていることではなくて、現地の支配をやっていることは間違いないですね。幕府の法令だって所領の知行者になっているわけですから、まず間違いないと思います。

網野　逆にいえば、大江匡房の表現だと、浮浪人のように見えますが、遊君(41)といわれている女性たちも、幕府の法令を見てもわかるように、ある意味では侍身分に近いところにいるわけですね。所領を知行《ちぎょう》できれば、侍と同様になってしまいます。ですから今宿の傀儡も、そういう方向で考えることができると思います。

もうひとつ、大分時代が降ってからの傀儡として『洛中洛外図《らくちゅうらくがいず》』(42)に出てくる傀儡がありますが、この人たちは箱のようなものを持って遍歴しています。たぶん箱の中に人形を入れて歩き回っているのだと思いますが、これは男です。そういう傀儡の姿が後になって出てきますが、それとこの相論に出てくる傀儡とがどこでつながり、どこで変るのかも、まだよくわかっていないわけです。

笠松　この相論で、傀儡という集団が当事者になっているわけですね。これは何とかの荘の百姓等というのと同じようなものですが、集団がひとつの当事者になっているということになると、ここではその代表者として栄耀尼というのが出てきますが、集団として幕府からはとらえられるという格好になっているのでしょうか。

網野　私流に言うと傀儡は職人集団としてとらえられているので、百姓とはいえないと思います。

笠松　この裁許状を読んでいると、そこに出てくる百姓というのがどういうものなのか、私には混乱するばかりです。

網野　この裁許状がなぜ残ったかについては、久遠寿量院という寺院の性格とかかわりがあるのではないかと思います。持仏堂という表現をふくめて、建長二年以降は史料に全く出なくなってしまいますね。『吾妻鏡』では、それまで持仏堂といわれていたのが、延応《えんおう》元（一二三九）年五月十四日条に久遠寿量院として記事がみえます。しかし、これは『吾妻鏡』の編集のさい、のちの名前を投影してあとから入った寺名ではないかとも思えないことはないのですが、この月に久遠寿量院で降弁[43]に最《さい》勝王経《しょうおうきょう》[44]を転読《てんどく》[45]させたという記事が出てきます。

もしかしたら久遠寿量院といわれていたのかもしれませんが、それからあとは寛元まで寺名ではなく持仏堂になっています。ずっと持仏堂になっている。延応と寛元はかなり離れていますが、寛元元（一二四三）年から久遠寿量院で出てきます。それをふくめて持仏堂の記事はたくさん出てきますから、頼経にとっては本当に身近な寺院で、頼経がいなくなると同時に性格がガラッと変わってくるのではないかと思います。

笠松　頼経が追い払われたことが尾を引いて、この相論が起こったことは確かですね。

網野　それは確実でしょうね。

註

(1) **傀儡** 芸能民の一種。人形を用いた芸を中心に幻術など様々な芸能を行い、基本的には定住せず漂白生活を送っていた芸能民およびその集団。また、平安時代やその前後においてくぐつ女が遊女を指すこともあった。

(2) **尊経閣文庫** 東京目黒区にある、加賀藩の前田家の蔵書を保管する文庫。一部は「尊経閣叢刊」として発行されている。

(3) **東寺** 現在、教王護国寺。京都南区九条町にあり、真言宗東寺派の総本山。八世紀末、平安京遷都のさいに西寺と一対に建立。八二三年空海の真言の道場となって以来、平安時代には国家的な護国の寺となり、以後、源頼朝や足利尊氏など諸将軍の庇護を受け、中世においては積極的な荘園経営を行った。

(4) **子院** 末寺のこと。ある程度規模の大きい寺院においては、主要な寺院だけで成立するわけではなく、境内に小寺をたてたり、あるいは本山の支配下のもと、別の寺院を子院として有した。

(5) **持仏堂** 持仏とは念持仏の略で、個人的に身近においた仏像のこと。そしてその仏像を安置するために造るのが持仏堂である。

(6) **引付制度** 鎌倉幕府の民事訴訟専門機関。三〜五方の部局に分かれ、訴訟を審理し、判決の草案を評定会議に上進する。この組織の発足によって幕府の訴訟制度は急速な発達をとげた。

(7) **別当職** 諸大寺において三綱を指揮して、寺院の運営にあたった最高責任者。

(8) **醍醐寺** 京都市伏見区にある真言宗醍醐派の総本山。聖宝が八四六年に堂宇を構えた時から始まる。

(9) **兼帯** 二つ以上の役職を兼ねて務めること。

(10) **預所** 中世の荘園において、荘園領主の代理人として、実際に荘園の支配や管理を行った荘官。

(11) **闕怠** 行うべき職務を怠けること。

(12) **和与**　この場合裁判の和解の意。
(13) **後藤紀彦さんの研究**　「辻君と辻子君」『文学』五二—三。一九八四年、同「遊女と朝廷・貴族」「主君・辻子君—室町時代・京洛の遊女たち」「蓮如上人子守歌の世界」「遊廓の成立」『週刊朝日百科　中世1　③遊女・傀儡・白拍子』朝日新聞社、一九八六年。
(14) **大江匡房**　一〇四一～一一一一。平安時代の学者、政治家。白河院政の中心人物であると同時に「江家次第」などの著書があり、文人としても有名。
(15) **傀儡子記**　大江匡房著。成立は未詳だが一一世紀後半と考えられる。
(16) **七丸**　七つの丸い玉のことで、お手玉のように、次々に投げ上げ受取る曲技に用いられる。
(17) **沙石**　砂と石。そこから執るにたらないつまらない物の例えとなった。
(18) **佳会**　嘉会とも。祝宴などめでたい会やお祝いの会。あるいは風流な会。
(19) **牧宰**　国司のことを唐風に読んだ言葉。
(20) **後白河上皇**　一一二七～九二。一一五五年に天皇に即位し、翌年の保元の乱を経て一一五八年譲位し、没するまで院政を行う。
(21) **今様**　今のはやり。当世風。この場合、平安末期流行《はや》っていた、遊女や傀儡の唱った歌。
(22) **美濃の青墓**　青墓宿。美濃国不破郡、東山道の宿駅。現在、岐阜県大垣市青墓。傀儡や遊女がいる宿として有名であり、この宿の長を青墓長者と呼び、女性であったことが多い。
(23) **梁塵秘抄**　後白河上皇の編纂した今様の集成。
(24) **轆轤師**　轆轤を用いてひきものなどの主に木の細工を作る職能民。のちの木地屋。
(25) **国衙**　律令制下で諸国におかれた、国司が政務を執り行う役所。
(26) **親玄**　醍醐寺座主。十三世紀末鎌倉に下向滞在しており、その時の日記が現存。

(27) **得宗**　三七頁註(39)を参照のこと。
(28) **香取社**　香取神社。四〇頁註(72)を参照のこと。
(29) **田所文書**　香取社の田所の伝えた文書。
(30) **蔵人所牒**　蔵人所が発する牒のこと。牒とは、古文書の株式の一つで、互いに関係のない官司の間や、官司とそれに準ずるところとの間でやりとりされる文書のこと。例えば、太政官と寺社の間で取り交わされる文書は太政官牒などと呼ばれる。
(31) **断簡**　古文書で完全な形で残っていない文書や切れ端のこと。
(32) **櫛造供御人**　櫛を作り売ることを専門とし内蔵寮に属した供御人。和泉の近木郷辺に本拠をもつ。供御とは本来天皇の食事を指すが、中世、食品のみならず手工業製品など、天皇の使用する種々の品物を貢納した人、またはその集団を供御人と呼んだ。
(33) **莎草**　「くぐ」。植物の「はますげ」「しおくぐ」の古い呼び方。これから細いひもを作ることができ、またそれを編んでつくった袋をクグツと呼んだ。
(34) **白拍子**　平安時代から鎌倉時代にかけて流行った歌や舞、またそれを歌舞する女性のことを指した。
(35) **凡卑の女**　身分の低い女。
(36) **収公**　鎌倉時代、所領を没収することをこう呼んだ。召放《めしはなち》、改易とも呼ばれた。
(37) **今昔物語集**　平安時代後期の説話物語。成立年および編者は不詳。天竺編、震旦編、本朝編の三部からなり欠ける巻はあるが全三十一巻である。
(38) **目代**　国司の私的な代理人として現地へ赴き、実際の国務を執り行う代官のこと。
(39) **藤原定家**　一一六二〜一二四一。中世初期の歌人。新古今集の選者の一人。定家自身の歌集としては「拾遺愚草」「百番自歌合」があり、定家撰の歌集には「二四代集」「小倉百人一首」「八代集秀逸」があり、彼の漢文日記である「明月記」も著名である。また、定家は古典の書写を広く行った人物としても知られる。
(40)**家司**　いえつかさとも。親王家・内親王家・摂関家・職事三位以上などの家の事務をつかさどる職員。
(41)**遊君**　遊女の別称。
(42)**洛中洛外図**　戦国期以降に京都の町のさまざまな有様を描いた屛風の絵。
(43)**降弁**　一二〇八〜八三。鎌倉中期の寺門派の僧で歌人。宝治合戦における祈禱の恩賞として、鶴岡八幡の別当に補任された経歴などがある。
(44)**最勝王経**　金光明経。大乗経典の一つ。平安以後、護国経典として親しまれ、国家安穏と天皇の無事息災を祈願する法会である最勝講において講賛された。
(45)**転読**　転経、略読とも。お経を最初から最後まで読む真読に対して、経の一部だけを読んで全体を読んだことにしたり、何百冊もの折り本を次々と空中で翻転させ、儀礼的なパフォーマンスにより祈念などを行う行為。

2 条文を読み解く

第一条　旅人雑事用途の事

久遠壽量院領駿河国宇都谷郷今宿《うつやごういましゆく》傀儡と寺家雑掌僧教圓と相論の條々

一、旅人雑事《りよにんぞうじ》用途の事

右、対決の処、傀儡等の申す如くんば、岡部権守《ごんのかみ》、岡部・宇都谷両郷を領知してより以来《このかた》、代々かくの如き雑事一切充て行はれざるの処、当預所《あずかりどころ》始めて張行の間、新儀を停止せらるべきの由、愁ひ申す所なりと云々、教圓《きようえん》の申す如くんば、当郷の預所四代の内三代の預所代は、栄《えい》耀尼《ように》の婿たるの間、これを免除せしむといへども、当預所は、その儀無きに依り、田地に随ひ雑事を配り充てしむの條、何ぞ新儀たるべけんやと云々、てへれば旅人の雑事を傀儡に充て行ふの條、新儀たり、宜しく停止せしむべし、

網野　それでは裁許状にいきますか。まず、さっそく「旅人雑事《りよにんぞうじ》」がどういう内容のものなのかがわからないのですが……。

笠松　「旅人雑事用途の事」というタイトルが私にもわからないのです。もちろん「旅人」が宿に関係していることは確かですね。

網野　宿というのは、旅人を泊めたり、世話をする機能をもった場所ですから、確実にそうだと思います。

笠松　とすれば旅行者に対して、宿として何らかのサービスを行うために負担しなければならない分を、だれが負担するかというのが、この第一条の問題だと思います。

網野　遊女の在家、屋は宿屋の役割を果たしています。客を招き入れて売春をするのでなく、純粋な宿屋の機能をもっていると思います。『古今著聞集《ここんちよもんじゆう》』(1)の中の有名な話ですが、摂津の今津の宿で鋳《い》物師《もじ》(2)と山伏(3)と中間《ちゆうげん》(4)が遊女の宿に旅人として泊まる。ところが、山伏が鋳物師に化け、烏帽子(5)をつけて遊女の寝床にもぐり込んで、釜が壊れているのを直してやるから今晩、寝ようという話をして目的を達し、朝早く出立してしまう。鋳物師が朝起きてくると、遊女から夕べの約束通り釜を直せといわれ、自分はそんな覚えはないと弁明するのです。

それをどう証明したかは、ちょっとおちた色っぽい話になっているのですが、それをみても遊女の家に宿泊することと、遊女が娼婦として対応するのはまったく違うのです。

―― 江戸時代の宿場の旅籠などというのは、大抵その家の抱えの遊女を持っているといいますね。(6)

網野 時代が降ると、機能が分かれて行くのかもしれません。

笠松 ただ、この場合、旅人雑事というのは、この史料で見ますと、本来は傀儡は負担していなかったわけですね。ですから、宿の機能というのが、もちろん傀儡と関係はあるけれども、独立性をもっていて、だれが負担するかという問題になっていることなのでしょう。

網野 傀儡は、岡部権守が領知して以来といっていますね。これは岡部泰綱《やすつな》という人のようですね。駿河国の有力な武将で、権守という官途を持っていますから相当有力な人だったと思います。

笠松 「傀儡等の申す如くんば、岡部権守、岡部・宇都谷両郷を領知《りょうち》してより以来」となっているのですが、この人がこの相論の時点でどうなっているかということが大きな問題ですね。『静岡県史』によりますと、ずいぶん早い時期に泰綱が追い払われてしまったというふうになっていますが、泰綱というのはいつまで……。

網野 建久《けんきゅう》四(一一九三)年まででしょう。

笠松 この人はおもしろい人で、文治《ぶんじ》元(一一八五)年の十一月十二日の『吾妻鏡』の記事によると、幕府の創立ころですから頼朝が京都と緊張関係のあるころですが、頼朝が軍隊を連れて出掛《か》けようとして、駿河以西の人間に動員令を発します。ところが、泰綱はこの間病気で、黄瀬《きせ》川まで頼朝が行ったときに随伴出来なかったというのです。ところが、たまたま病気が治った泰綱が、黄瀬川で帰ってきてしまった頼朝がまた上洛するということを聞いて、衰えた身を助けて「まず鎌倉に参って御供にこうずべきの由、これを申す」。ところが、頼朝が行くのをやめたといったので来なかったということが書いてある。

それだけでなく、泰綱という人は非常に太っているので乗る馬がないということから、太っていても乗れるような馬を用意しておけというふうに頼朝がいったというふうなことまで書いてある。

あとでまったく出てこなくなる岡部権守のような人物のエピソード的記事が、『吾妻鏡』を編纂するときにどういう史料を典拠として記事にしたのか。そのへんは非常に興味あるところです。

それと、泰綱という人は、あと二か所ほど『吾妻鏡』に出てきますが、いずれも犯罪者の預かり人をやっています。ですから、かなり特異な御家人といえる。

網野　この犯罪者はいずれも常陸《ひたち》の人なんですね。ぼくは『茨城県史』を書いたときに知ったのですが、文治三（一一八七）年三月廿一日には佐竹蔵人《さたけくらんど》、建久四（一一九三）年六月廿二日には多気義幹《たけよしもと》を駿河で預かっていますね。

笠松　あの記事を編纂するもとの史料がどこにあったかというのが問題ですね。御家人に関するエピソードのようなもの、たとえばこの人は太っているからそれに合った馬を整えよというような記事が、幕府側の史料に残っているという可能性は少ないと思います。

網野　ちょっと考えられませんね。

笠松　その後、この岡部という人は御家人としては出てこなくなってしまうのですが、どこかに何らかのかたちで伝わっていて、それが『吾妻鏡』の編纂のときに用いられたというふうなことが考えるよりしょうがないと思うのです。ちょっと変わった人ですね。

岡部泰綱という人のことは、ここで岡部権守というふうになっていますが、この建長の時点でその人の存在をまったく考えなくていいのか。相変わらず考えなくてはならないのかということが問題として残ると思います。

網野　権守は各国のいわゆる「有勢在庁」(7)が名のる官途ですから、駿河のなかでも相当な権勢をもっていたと考えなければならない人でしょう。だから、宿についても、国衙の有勢在庁の立場で支配していたのでしょうね。

笠松　有力な在庁官人だったのでしょうね。

網野　そうとしか考えられません。だから、宿に対しても支配権をもっていたといえるかもしれません。

笠松　もし岡部権守泰綱が失脚したとすると、その記事は『吾妻鏡』にはない。さっき言ったような変わった記事が載っているのに、その点は載っていない。だから、普通の残り方で『吾妻鏡』に入ったわけではないんでしょうね。

網野　宇都谷郷は久遠寿量院領ですが、久遠寿量院のできたころには、関東御領《かんとうごりょう》(8)か北条氏領かわかりませんか。少なくとも将軍の持仏堂領ですから、将軍家の管轄下に入っていることは間違いないですね。建久四年を最後に岡部泰綱が『吾妻鏡』に現われなくなります。その後、その所領がどうなったかわかりませんが、嘉禎に持仏堂ができるまでに岡部氏は失脚し、その所領が幕府に吸収されてしまったと考えざるをえません。

笠松　いちばん最初にいいましたように、この裁判で幕府がどういう立場に立っていたかということにかえるわけですが、幕府の裁許状には違いないのですが、幕府が一種の本所(9)として、裁許していると考えたほうが考えやすいかもしれませんね。普通の寺家《じけ》の雑掌《ざつしょう》と地頭との相論を裁判するという立場とは、まったく違うわけです。

網野　明らかに違います。岡部権守は地頭ではないでしょう。むしろ預所にその立場が継承されるような系統の人と考えたほうがいいと思います。国衙領の知行者でしょうね。

笠松　さて岡部泰綱が領知《りょうち》して以来こういう雑事がいっさい充て行われなかったところ、現在の預所になってはじめて傀儡のほうにかけてきたので、それで訴えたというわけです。

ここでまた話が複雑になるのですが、教圓《きょうえん》という人が、タイトルのところでは「寺家の雑掌の教圓」というふうに出てきます。ところが、あとになってくると、この教圓という人は預所として出てくる。第六条に「教圓入部の時」というふうになっていますが、これが現在の預所です。

細かい話になりますが、普通ですと、寺家雑掌といえば寺家の法廷弁護人みたいな立場になるわけですが、預所とそれと同一人物になっているというところも変わっている。幕府が本所の立場だというところに関係しているのだろうと私は思うのですが。

網野　そうかもしれませんね。ただ、預所が雑掌になるケースは、ないわけではありません。若狭国太良荘《たらのしょう》の定宴(10)も預所であり訴訟のときの雑掌もやっていますから、逆にいうと、教圓は預所と非常にかかわりの深い人物なので、法廷でも雑掌をやっているということになるんでしょうかね。

笠松　それまでが傀儡の言い分であり、それから教圓の陳弁になるわけで、網野さんが前に紹介された部分です。「当郷の預所四代《よんだい》の内三代《だい》の預所代は、栄輝尼《えいように》の婿たるの間、これを免除せしむといへども、当預所は、その儀無きに依り、田地に随ひ雑事を配り充《あ》てしむの條、何ぞ新儀《しんぎ》たるべけんや……」というわけです。つまり、教圓は傀儡の婿ではないので、従来の免除の特権を取り上げて、田地の多少に従って旅人雑事の用途を傀儡に賦課したのは別に新儀ではないということなのです。

ここで見ますと、預所が四代あるということなのですが、岡部がいつ失脚したかということとの時間的な問題を考えるときに、これは若干の手掛かりになるかもしれません。あとのほうで問題になりますが、いままでの預所代は栄耀尼の傀儡の婿になっているというわけで、三代の預所と教圓という人の立場がはっきり違ってきている。頼経の失脚という大きな政治的背景とこの点がキーポイントですね。

網野　おそらくこれは頼経の失脚と深い関係があるのでしょうね。そこから今宿の傀儡と久遠寿量院との関係が問題となってくるわけです。寺家雑掌が出てくるときとは違うつながり方を傀儡は久遠寿量院としているのではないかという疑いをもったのです。これはまったくの推測で、根拠はこの文書だけしかないのだけれども……。

栄耀尼は、あとでもまた出てきますが、おそらく宿の長者ないしそれに準ずる地位にいる女性ではないかと思うのです。はっきりした根拠はないけれども、預所を婿にしてしまうという立場が問題では……。

笠松　そこなんですけれども、婿が先ですか。傀儡が先ですか。

網野　娘がいるんでしょう。

笠松　つまり、預所代になった人が来て、それを婿にしたのか。傀儡の婿が預所代になったのか。

網野　なるほどそうか。そういう考え方もできるわけですね。

笠松　婿が先なのか、預所代が先なのかということがわからない。これでは決まらないわけですね。

網野　傀儡の婿が預所代になっている可能性はぼくは考えませんでした。なるほど、傀儡が預所代になっている可能性もありますね。男の傀儡ならなれますからね。

笠松　そうなってくると、教圓という人のいっていることもまるっきり話が違ってくる。

網野　いまの話の線でいうと、栄耀尼が事実上、預所の役割をほとんど代行していることになりますね。

笠松　三代の預所の代官が続けて傀儡の婿になるというよりは、傀儡そのものが預所代になってい るということのほうが話が自然のような気がするのです。

網野　たしかにそのほうが自然ですね。預所は三代かわっているけれども、代官は同じ婿の傀儡だ ということも考えられるわけですからね。

笠松　そうですね。

網野　そのほうが意味が通じるかもしれません。栄耀尼の婿ならば、これは傀儡である可能性はじ ゆうぶんあります。

笠松　これでは決着がつきませんけれども……。ここで面白いと思ったのは栄耀尼という名前です。 栄耀栄華の栄耀でしょう。なんとか尼というときには、大抵地名を付けたりするでしょう。栄耀とい うのは字引を引くと「栄えて世にときめく」とか、「贅沢で気まま」とかの意で、日葡辞書《にっぽじしょ》によると、 栄耀というのは「風の前の塵」という意味が載っています。要するに「気まま」につながる。尼とい うのの上にこういう名前が付くのは珍しいのではないか。もうひとり後で第六条に阿曽尼という尼が 出てきますが、これはまた何か意味があるのでしょうが、栄耀尼の場合、自分で名乗っているわけで、 いってみれば派手な意味がある。そうすると、職業柄ふさわしい名前なのではないかと思ったのです。

網野　傀儡が尼であるのも不思議な気がしないではないですが……。宿の長者は興津宿の場合のように、男であることもあるけれども、女性の場合もあります。『吾妻鏡』に出てくる青墓宿の大炊《おおい》(11)は女性の宿の長者ですね。その母の女性が義朝の世話をよくしたとされている人で、その娘のところに頼朝が建久元（一一九〇）年の上洛の途中で挨拶に行くわけです。だから大炊は間違いなく女性です。男性だと思っている人もいるようですけれども、確実に女性です。

見付《みつけ》の国府宿の長者も女性のようですね。飛鳥井雅有(12)の「みやこでのわかれ」は鎌倉と京都を往復するときの紀行文で、雅有は蹴鞠《けまり》(13)の師範として鎌倉に行くのですが、その紀行には国府宿をはじめ宿の遊女がたびたびでてきます。

もうひとつ、西国の例ですが、『とはずがたり(14)』の主人公の二条《にじょう》が泊まった備後《びんご》の鞆の遊女の長者は女性です。遊女の長者は本来女性なのですが、その女性が宿の長者を兼ねている場合があるということです。この栄耀尼が長者であるとはきめられませんけれども、名前といい、預所代がその婿であることといい、長者とする推定は十分に可能だろうと思います。

笠松　いちおう田地を持っているので「田地に随ひ」ということが出てくるわけで、それまでの婿だということから特権が剝奪されたので、それを訴えている。ここでは、傀儡が田地を知行している。何らかの意味で田地を持っているということは確かですね。

細かい話ですけれども、裁許状の並び方が問題ですね。この場合、訴状が出ているかどうかわかりません。この頃ですから訴状などないのかもしれませんが、ともかく訴えた側の順序に従って裁許状の配列ができているのがだいたい普通ですね。そうすると、「旅人雑事用途」というのが頭に来ているということが、傀儡のほうからの相論の要素としていちばん大きなことなのかと思うのですが、読んでいくと、「耕作を抛ち」とか、緊急性のある部分があとから出てくるわけで、そのへんも問題があるような気がします。

網野　第一条はこんなところでしょうか。どうもこの預所は傀儡を百姓として扱おうとしているのではないかと思うのですが。

笠松　つまり、傀儡が百姓かということと、百姓という抽象的な概念とが、両方が混用されて使われているのではないか。それで読んでいるほうは頭がおかしくなってわかりにくくなってしまうような気がします。考えてみると、どのことでもそういうことになるんでしょうね。百姓という抽象的な概念があって、だから義務として何かをしなければならない。だから何かをさせることができるというのと、その人がその土地で百姓と呼ばれ、百姓という身分をもっているというのを、いちおう切り離さないと話がわからなくなってしまうのではないかと思うのです。

私は、網野さんがいわれるまで、全然、百姓ということに関心がなかったのですが、これを読んでいると、ここから抽出できる百姓とは何かということになると、本当に私にはわからないものだから、そういうふうに思ったのですが……。

網野　傀儡は田地を持っていてもこういう雑事を免除されている、つまり百姓とちがって、私流にいうと「職人」の身分として、そうした特権を保障されていると主張していると思うのですが。

――尼さんでもお婿さんを取るのですか。

網野　そうした例はいくらでもあります。「一生《いっしょう》不犯《ふぼん》の尼」という人もいますけれど『古今著聞集』などには尼がちゃんと婿をとって夫婦仲よくしたという話もありますから。

笠松　僧侶でも、いまでいうと権妻《ごんざい》(15)なのですが、婚姻をしている。

網野　それが普通ですね。

笠松　いつごろからかはっきりしませんが、自分の寺というか、僧侶として持っている職を、本当ならば法流に従って弟子に相続させていくというのが本来の立場なのですが、それを自分の実子に相続させる。子供であり、弟子である場合それを真弟《しんてい》と称することがあります。実際にそういう相続形態が出てくるのはいつからかははっきりわかりませんが、いまですと、血縁で相続するのが当たり前になっていますが、それがどこまでさかのぼるとどうなっているかというのは、いままではっきりした研究はないようです。

――久遠寿量院の場所はどこですか。

網野　鎌倉の若宮大路東頬《つら》です。

笠松　将軍の持仏堂ですから鎌倉になければ意味がないわけです。

――現在の場所はどこかということはわからないわけですね。それで、尊経閣古文書は前田家のわけなのですね。

網野　宝菩提院という東寺の子院《しいん》、禅宗流にいえば塔頭《たっちゅう》があり、その宝菩提院の文書が尊経閣に残っているのです。なぜかはわからないけれども、前田家が購入したのです。宝菩提院には、いまでも独自に文書が少しは残っているはずです。しかしいい文書はなぜか前田家に行っているので、どうしてこのようなことになっているのか、調べればわからないことはないと思いますが、笠松さん、何か御存知ですか。

笠松　もちろんわかりません。宝菩提院文書がほうぼうに分散しているということは確かです。『北野《きたの》松梅院文書《しょうばいいんもんじょ》』[16]に久遠寿量院の法印代良重《りょうじゅう》[17]という人の南北朝期の陳状の案文が残っています。これが史料編纂所の「所報」(29号)に紹介されているのですが、とても面白い文書です。

網野　かなり相論の文書は残っているようですね。

――相論の文書というのは、原告と被告の双方に一通ずつ渡すということではないのですか。

網野　普通、裁許状は勝ったほうだけに渡すのです。だから、この場合は、傀儡の手元になくてはならないのだけれども、それがなぜ宝菩提院に残ったかについては、久遠寿量院の別当になった人が関わりを持っていたと、最初に笠松さんが説明された通りです。

――傀儡自身の発生が、いつごろかということは、だいたいわかっているのですか。

笠松　かなり古いんでしょう。

網野　もちろん非常に古くからいたと思いますけれど、記録に出てくるのは大江匡房の『傀儡子記』が最初ではないでしょうか。

笠松　傀儡というと匡房の記録が引かれますからきっとそうなんでしょうね。

網野　ですからそれよりは間違いなくさかのぼるわけですね。滝川政次郎さんが研究しておられて、『遊行女婦・遊女・傀儡女』（至文堂）に史料はたくさん引用されています。ただ、滝川さんは「朝鮮から渡ってきた傀儡族」などというおかしなことをいいだされたものですから、それに尾ひれが付いていささかおかしなことになってしまっているのだけれども……。

笠松　傀儡の語源説の一つに朝鮮語 koang tai というのが傀儡（カイライ）で、そこから日本語になって傀儡となったという説もあるようです。

網野　朝鮮半島には、のちのちまでそうした人が活動しているわけです。それで滝川さんはすべて朝鮮半島から渡ってきたのだと決めつけてしまわれたのですが、半島と列島は密接に交流していますから、小さな集団が半島から渡ってきたなどというのではなくて、朝鮮半島と列島西部では社会全体が似ているのだと思います。

笠松　さっきあげました幕府法では、「凡卑の女」というのが出てきますが、これといちおう区別されています。

網野　「凡卑の女」の意味は「凡下《ぼんげ》」の女性と同じでいいんでしょう。

笠松　よくわかりませんが、とにかくいちばん最下級の人を、そういったのでしょう。

網野　逆に、もしあの史料の「凡卑の女」が百姓の女性だとすれば、順番でいうと、白拍子と傀儡はそれより上になるわけです。

笠松　ああ、凡卑を百姓とすればね。

網野　「凡下」を「凡卑」といった例はありますか。

笠松　知りません。

網野　身分が上か下かは別として、凡下の「百姓」と傀儡とが区別されていることは間違いないでしょう。給田を保証される「職人」、職能民ですから、むしろ傀儡が上のほうにくるとすら思われます。

――定住している者もあるし、ジプシー的に徘徊している者もあるということですか。

網野　本拠は宿々に置いて、広く各地を遍歴していると考えるのが自然です。大江匡房の記述によると、まるでどこにも根拠地をもたずに移動しており、それ故に一切の役も賦課されていないことになっています。あるいは時代を遡ると貴族の目にはそのようにみえたのかもしれませんが、やはり、その時期から根拠地はどこかに持っていたと思います、匡房の文章はかなり定型化した文人的な文章ですから、一面はたしかにとらえていると思いますが、この言葉通りのイメージで全体を考えてしまうのは、問題だと思います。

笠松　この法令の並べ方のいちばん上が非御家人の輩の女子ですから、侍身分をもっている人の娘さんということでしょう。その次に傀儡がきて、その下に白拍子がきて、それから凡卑の輩というふうに並んでいる。当然、身分的に偉い順に並んでいると思いますから、そうすると、白拍子と非御家人の女性とのあいだに入っているような感じで、かなり身分的には上のほうにいます。

網野　田地に対する課役の免除を要求してそれが認められるという立場にあるということは、特権を保証されているので、この点は傀儡を考えるときに重大な問題だと思うのです。

笠松　ただ、問題は、傀儡なのにこの裁判では幕府の法廷の当事者能力をもっているというところです。この相論は幕府が本所的《ほんじょ》な立場に立ったものだとすれば、普通の幕府の法廷の当事者能力とは違った観点から見なければならないから、この史料を根拠に幕府の法廷では傀儡みたいな身分がいつも当事者能力をもっているといえるかどうかというと、これだけでは一寸危険ですね。

――こういうことを訴えるときに、岡部権守に訴えるのでなく、直接幕府に訴えるのでしょうか。

笠松　そこが大問題なのであって、地頭がいたり、預所がいたりするところの百姓が、幕府の法廷に訴えるときにどうするかということですよね。鎌倉時代でもあとのほうの史料なのですが、普通でいえば、幕府に訴えるときにはストレートに訴えることはできない。挙状《きょじょう》という、地頭の推薦状みたいなものが必要だとされています。

ただ、そういう点を拡大していくと、領内の百姓が地頭を訴えに幕府に行くなんていうことは、あり得ないことになってしまう。もっともそういうことを強調すると、それで地頭独立国家論なんていわれてしまうことになるのですけれども（笑）。

幕府の法廷のなかでだれがどこに座るかということが書かれた法令（追加法二六〇条）があるのです。それは非常に厄介な法令なのですが、侍身分は建物のなかに入るけれども、幕府法上の雑人、つまり凡下百姓というような人間は大庭《おおば》、いわばお白州みたいなところに座らされるというのです。したがって、それを根拠にして、そういう身分の人たちも幕府の法廷に当事者として来ているではないかという説もあるのですが、その法令がオーソドックスな幕府法なのか、あるいは北条氏のものなのか、難しい問題があって一概にはいえないのです。

網野　「相模武蔵雑人等」ということになっていますし、「陸奥沙汰」などともありますから、そうした国の受領の官途を持っていた北条氏の法令の可能性も大きいですね。

笠松　当事者についてきた人間だってどこかにいなければならないということも考えれば、その史料だけでストレートに下層の人間まで、幕府法廷の当事者能力をもっているということはいえないと思うのです。

ですから、一概にいうことは難しいのですが、幕府の立場に立ってみれば、本来、百姓の訴訟などを自分が管轄しようとは思ってもみなかった。もちろんいろいろなものが入ってきていることは確かなのでしょうが、はじめはそんなことを思っていなかったことは確かだろうと思います。それがそういうものも含み込まなくてはならなくなってくる。幕府の性格が出発点であった武士政権というものから転化して、東国の、あるいは全国的な公権力に変わってくると裁判権力としての幕府の立場も変わってきます。ですから、どの時期で、争う内容が何かということによって、誰か当事者能力をもっているかが決まるものですから、単純にどうかということはちょっと言えません。

網野　しかしこのような問題を本当に議論するようになったのは戦後ですね。検断《けんだん》や(18)雑務《ざつむ》、(19)刑事事件や貸借関係の訴訟は、守護の法廷にいっているようです。

笠松　検断関係の一次的な裁判というのは、本来は地頭が検断権者なのです。

――先ほど、ジプシー的な要素もあるとおっしゃっていましたが、定住しないというか、本拠地からずっと離れているというのは、ほかにどういう人たちがいますか。

網野　商人も同じですよ。本拠地がまったくなくて遍歴している人たちはむしろ例外的で、考えにくいと思うのです。浮浪人はもちろんいるでしょうが、何らかの職能をもっている人たちの場合は、本拠地がどこかにあると思います。鋳物師《いもじ》は、鎌倉時代には非常に広範囲に遍歴しているのですが、本拠地は河内、和泉などにあり、廻船などで非常に広域的に動いています。商人も同様ですね。

むしろ都市が形成されてくるときに定住する人たちの中で、遊女などは早い方かもしれませんね。酒屋や、金融業者の借上《かしあげ》、倉庫業者の問丸《といまる》などが最初の都市の住民になり、そこを根拠地にしている商人たちは、都市には定住せず、各地の市庭を遍歴しているわけです。

この場合は、宿の遊女、傀儡ですが、こうした女性も客に呼ばれて行くことがあります。例えば駿河の実相寺の院主代が蒲原《かんばら》宿の遊女を呼んで酒を飲んで魚鳥をたべるなど大騒ぎをしたというので、けしからんといって衆徒たちが訴訟を起こしています。そのように呼ばれたら客のところへ出かけていくケースもあるわけです。

——曽我兄弟(20)に出てくる大磯の虎という女性がいますが、あれなどはクライマックスに立たされるような気がしますね。

註

（1）**古今著聞集**　鎌倉時代、橘成季が著した一二五四年成立の説話集。全二十巻。

（2）**鋳物師**　鋳物を作る職人。いものし。

（3）**山伏**　元来の意味は、山に伏す、すなわち、里を離れて山野に宿すこと。しかし、多くは宗教的な力を体得するため山において修行をする修験者を意味した。吉野、熊野、白山、羽黒山などの山伏、修験者が有名である。

（4）**中間**　古代から近世まで続く、従者のこと。公家、武家、寺院などに仕えた。

（5）**烏帽子**　古代から近世にまで続く、男子、特に元服を終えた男子の被り物。時代により形や着用する場面は様々に変化するが、貴族だけではなく民衆もかぶった。紙や布に漆を塗った烏帽子が多く、代表的な種類として、立《たて》烏帽子、折《おり》烏帽子、侍《さむらい》烏帽子、萎《もみ》烏帽子などがあった。

（6）**旅籠**　旅篭、はたご。もともとは、旅行中の手荷物などを入れるための籠のことであったが、後に旅館の食事や旅館そのものを意味するようになる。

（7）**有勢在庁**　勢力のある有力な在庁官人。在庁官人は、平安時代中期から鎌倉時代にかけて、国衙の官人・役人として実務を執り行ったその地域の有力者。有勢在庁はその中でも最も有力な豪族。

（8）**関東御領**　鎌倉幕府が直接支配する、すなわち、将軍が本所である荘園や国衙領のことで、年貢や公事を徴収し幕府の主要な財源の一つであった。平家没官領がその母体となったが、その後の承久の乱の没収領がそれに加わった。北条氏の力が増すにつれ、関東御領の多くの部分は北条氏の所領となっていったといわれる。

（9）**本所**　荘園・公領の在務権を持った領主。

（10）**定宴**　若狭国太良荘の立荘に深く関わった人。仁和寺菩提院の行遍と結びついた預所聖宴の下で、当初預所代であったが、実質的に荘務を掌握、のちに当時供僧の預所となり、その子孫の女性が代々その職を相伝した。

（11）**大炊**　『吾妻鏡』建久元年十月二十九日条。大炊は宿長者であり、内記大夫行遠の息女。

（12）**飛鳥井雅有**　一二四一～一三〇一。鎌倉時代の歌人。鎌倉幕府にも奉仕した。家集に「隣女和歌集」があり、日記は「飛鳥井雅有日記」として男性による仮名日記として知られる。

（13）**蹴鞠**　平安時代以降広く行われた、鹿の皮で作った鞠を用いる貴族の遊戯。数人によって行われ、互に鞠を一定の高さまで蹴りあげ、鞠を地面に落とさないように続けられる。

（14）**とはずがたり**　鎌倉時代の後深草二条が著した女流日記文学。「新日本古典文学大系」（岩波書店）所収。

（15）**権妻**　側室のこと。仮の妻の意味。

（16）**北野松梅院文書**　京都市上京区馬喰町に鎮座する北野社、現北野天満宮の宮仕と称する祠官のひとつである松梅院に伝わる文書。松梅院は江戸時代には神事奉行として責任者を務めた。

（17）**法印代**　法印とは法印大和尚位の略で、僧侶の位の一つ。法印代とは法印の代理を勤める者。

（18）**検断**　中世の法制上の言葉で、窃盗や殺害などの刑事事件において犯人を捕え、事件を審議して処罰などの判決を下すこと。検断を行う権利を検断権という。

（19）**雑務**　主として債権債務や売買関係の民事訴訟のこと。

（20）**曽我兄弟**　曽我十郎祐成（一一七二～九三）と曽我五郎時致（一一七四～九三）の二人をいう。兄弟の父が、工藤祐経との所領相論の課程で祐経に殺害され、兄弟はその仇をとった話しが能や歌舞伎などの題材となり、広く世に知られるようになった。

第二条　段別の糯白米の事

> 一、段別の糯《もちごめ》白米の事、
> 右、傀儡等の申す如くんば、正月修正料《しゅうしょうりょう》と号し、段別に糯白米を召さるるの條、同じく新儀なり、停止せらるべしと云々、教圓の申す如くんば、此白米は、御持仏堂の執行《しぎょう》弁僧都《べんのそうず》の沙汰たるの処、当郷の役たるべきの由、始めて仰せ下さるるの間、田地の分限《ぶげん》に随ひ、少々省き《はぶき》充てる所なりと云々、てへれば教圓の陳ずる旨甚だその謂れ無し、同じく停止せしむべし、

網野　それでは第二条にいきましょうか。「糯」は「モチゴメ」と読むのでしょうね。しかし糯米が特別にこのように史料にでてくるのは、あまりほかに知りませんね。

笠松　タイトルは「段別の糯白米の事」とありまして、傀儡のいうのは、正月修正料《しゅしょうりょう》（1）の名目で段別に糯白米を徴集されるのは新儀だというので訴えたということですね。教圓のいい分は、持仏堂の

執行《しぎょう》の（2）弁僧都《べんのそうず》が正月の修正料は払っていたのだけれども、ここのところに来て、当郷（宇都谷郷）の役だというふうにはじめて仰せ下さった、つまり、幕府のほうからいってきたので、これも田地の分限に従ってその負担を分配したというわけですね。

最初の問題は、糯白米というのは特別のものなのかどうかということです。一般に年貢は籾のついた玄米を出すのでしょう。

網野　普通はそうです。これは特別なのだろうと思うのですが、もちろん白米はありますよ。黒米《くろよね》、白米《しろよね》といいますからね。

笠松　黒米というのは何のことですか。

網野　玄米です。

笠松　本来は持仏堂の執行弁僧都が沙汰（3）していたというのですが、この人は、寛元三（一二四五）年の二月二十五日に久遠寿量院の八万四千基泥塔の供養にその名前が出てきますので、その人だと思うのです。恐らく持仏堂の管理をしていた人ではないでしょうか。

網野　自分の責任でやっていたわけですね。

笠松　それで、正月の修正料といって出していたというのですが、修正料というのは何といったらいいんですか。

網野　正月に修正会《しゅしょうえ》をやるときの費用でしょうね。

笠松　それがここへ来てはじめて当郷の役だと仰せくださったということですね。

網野　ここが将軍の頼経が追い出されて、久遠寿量院の立場が変わったためのはっきりした違いでしょうね。

笠松　久遠寿量院に対する幕府の態度がはっきり変わったのだと思います。「仰せ下さるる」の主語は省略されていますが、明らかに幕府の命令でしょうね。

網野　ここのところはどういうふうに説明したらいいのかしら。頼経が追い払われたから……。

笠松　弁僧都の立場にかかってくると思うけれども。

網野　恐らく頼経と一緒に鎌倉を追われたのだと思いますね。

笠松　ぼくもたぶんそうではないかと思います。だから、本来の久遠寿量院の所領で処理をしろと幕府から命じられたということになるのではないでしょうか。

笠松　この郷がいつ寺領になったのか、いつ岡部から離れたかということも関係があるわけなんでしょうが……。

網野　それとも関係があるでしょうね。ただ、久遠寿量院について出てくる坊さんの名前を見ていると、園城寺《おんじょうじ》の（4）隆弁《りゅうべん》も弁僧正といわれていますが、この人はあとで出てくる親玄《しんげん》などの系統とは違う僧侶です。そういう僧侶で頼経と深い関係をもっている人たちは、頼経の失脚と一緒に鎌倉からいなくなってしまうのだと思います。このときに、久遠寿量院の幕府内部における立場がガラッと変わってきたので、その影響が、ここにはっきり出ていると考えるのがよいと思います。

笠松　弁僧都の沙汰の時代は、彼はどこからその費用を捻出していたかということになるわけですよね。

網野　執行の立場に付属している何らかの所領のある可能性はありますね。

笠松　つまり、弁僧都という人と、彼の立場上もっていた財産が、なくなってしまったということですね。そのなくなってしまったのはごく最近の話だから、これとその宇都谷郷が久遠寿量院領になったというのとは、時間的には別のことでしょうね。

網野　それは別でしょう。さきほどの「当郷の預所四代の内三代の預所代は」とありますから、別ですね。

笠松　いなくなったのは最近ですものね。

網野　そう考えるのがいちばんいいのではないかと思います。この相論というのは、この久遠寿量院の立場の転換から、すべてが起こっていると考えるべきでしょうね。

註

（1）**修正料**　修正会を執り行うための費用。修正会とは、寺院において天下泰平や皇室の安泰を祈念するために正月の初めに三日間あるいは七日間行われる法会のこと。

（2）**執行**　本来の意は仏事、政治、事務などを執り行うことだが、特に、寺の事務や法会などを執り行う役職をいう。

（3）**沙汰**　執務を執り行うこと、特に訴訟における裁判や判決を下すこと。

（4）**園城寺**　通称三井寺とも。滋賀県大津市にある天台寺門宗の総本山。また、延暦寺を山門というのに対し園城寺を寺門と呼ぶ。九世紀中頃に円珍が再興し、天台の別院となるが十世紀以降寺門として、山門としばしば対立。

第三条　二所詣の人夫・伝馬の事
第四条　湯詣の人夫・兵士の事

一、二所詣《にしよもうで》の人夫・伝馬の事、
一、湯詣《ゆもうで》の人夫・兵士《へいし》の事、
右両條、傀儡等の申す如くんば、同じく新儀なりと云々、教圓の申す如くんば、当郷百姓不足の間、或は先《さき》の預所これを雇ひ、或は田地に随ひこれを充て催す、強《あなが》ち訴訟に及ぶべからずと云々、てへれば教圓の陳状の趣、同じく新儀たり、早く停止せしむべし、

網野　次は第三条と第四条です。二所詣《にしよもうで》(1)は伊豆山権現と箱根権現でしょうが、第四条の湯詣がよくわかりません。『吾妻鏡』をみてもないようですね。ただ、「湯」は「走り湯」つまり走湯山の「湯」

とも考えられますけれども。

笠松　小学館の『日本国語大辞典』の「湯詣《ゆもうで》」という項目を見ると、『平治物語』が引いてありまして那須の温泉に湯詣するとあるのです。それとこれが関係があるかどうかはわかりませんが……。

この二所詣の人夫・伝馬と、湯詣の人夫・兵士がはじめて傀儡のほうにかかってきたわけですが、傀儡のほうにかかってきたということは、元来、久遠寿量院がこういうものを負担していたことは確かですね。

何故この寺がこういうものを負担していたかというのが私にはわからない。二所詣の人夫とか伝馬とか、湯詣の人夫・兵士というようなものだったら、これは明らかに御家人の役ではないかと思うのですが。

網野　随兵《ずいひょう》はもちろん御家人の役ですね。『静岡県史』によると、随兵役は駿河の御家人と伊豆の御家人にかかるようです。将軍が二所詣に行くときには、多くの随兵がついていきますが、それはかなわないといって、御家人が反発した例があります。

笠松　一般的に幕府の法令などに出てくるのは、こういうものを御家人が自分の負担でやらなくてはいけないのを、自領の百姓に転嫁するのはいけないというのが何時もの話でしょう。随兵の御家人役とは関係のない人間にこういうものを負担させるというのが、私にはよくわからない。宿に関係があると考える以外にはないと思うのですが、そうではないのでしょうか。

網野　どうでしょうか。

笠松　場所的には二所詣と話が違っていますが……。

網野　伊豆と駿河は、二所詣についてはかなり深い関係があると思いますが。

笠松　もしかしたら久遠寿量院の僧侶たちも持仏堂という立場から御家人といっしょに将軍に随伴していき、それでこういう負担が生れていたのかとも思えますが。結局よくわかりません。

網野　次のところはこれでいいわけですか。「教圓の申す如くんば、当郷百姓不足の間、或は先の預所これを雇ひ、或は田地に随ひこれを充《あ》て催す」とありますが。

笠松　傀儡が新儀だといっているのに対して、教圓は、当郷の百姓が足りないので、いままでの預所は、雇ったり、田地に従って充て催すというやり方でやってきたという。つまり傀儡もその対象に入っていたということなのでしょう。実際に傀儡にかけたかどうかは別ですが、少なくとも建前としてはそういうふうにやってきた。そしてこれまでは全然訴訟が起こらなかったといっているわけですね。

網野　ぼくもここがわからなかったのです。「当郷百姓不足の間」ということは、百姓の数が足りなかったことでしょうか。このいい方では百姓にかけるのが原則なのだけれども、百姓の数が足りないから……といういい方ですね。

これは宿の問題や職能民としての傀儡の問題ともからんできますが、「百姓が不足しているから前の預所は雇い……」といっていますが、この「雇い」というのもよくわかりません。

笠松　これをそのまま解釈すれば、百姓というのは当然負担しなければいけない人間という建前になっている。負担しなければならない人間即ち百姓が足りないから、雇う、つまり、食料か何かわかりませんが、とにかく何かの給付をやってそれを雇うという形式を使ったり、あるいは、百姓かどうかということに関係なく、田地を持っている人間全部にかけた。

網野　夫役《ぶやく》ではなくてね。

笠松　百姓という人間は、田地には関係なく頭からかかってきて当然ということになっているでしょう。今度は有料でやるか、そこに住んでいる人間の田地を持っている人間全部にかけるかと、こういうふうにやってきたというわけですね。

網野　この文章だけ見ればね。

笠松　そうすると、百姓は雇われているのでもないし、田地に従ってかけてくるのでもないから、百姓という身分をもっていれば、当然のこととして、兵士役以下の所役がかかってくるということになる。

網野　夫役がかかるということでしょう。だから、百姓に何を単位にしてかけたかはわからないけれども、多分百姓の在家に夫役として賦課したのだと思います。それに対して田数に即して賦課するのは別の原理ですから、このような表現になっていると思います。

そこで、こういう人夫が賦課される場合に、ここでは「百姓」が出てきますから、これは宿の問題とはすぐにつながらないのではないかと思うのです。むしろ、久遠寿量院領の百姓だから賦課されているので、久遠寿量院領はいわば将軍の所領、関東御領のような性格の所領でしょう。だから地頭はいないので、預所が百姓に賦課したのではないでしょうか。将軍家領だから、夫役を百姓にかけたということなのではないでしょうか。

笠松　そのほうが自然ですね。

網野　夫役は多分在家役だから、田地への賦課とは、別の原理で本来は賦課されていたということです。

笠松　百姓というのが問題だけれども、百姓に何かかかってくるというときは、夫役だろうが、年貢だろうが、田地の多少に関係するというわけではないのですか。夫役は全然関係ないのですか。この前のところでも問題になりましたけれども。

網野　田地を持っているから百姓だ、などという原理は中世ではありませんね。江戸時代になれば、田畠を持っていない百姓は水呑(2)になってしまいますけれども、中世の百姓は、田畠の所持とは直接の関係はないのではないでしょうか。

笠松　無足《むそく》(3)の百姓というのがいて、無足の百姓にもそういう公事がかかってくるわけですか。田も何も持っていないのに、百姓だから公事をかけるという決まりがあるわけですか。お前は百姓なのだから何によらず公事を果たさなければいけないという原則があるわけですか。

網野　在家を公的に認められた百姓は田地はもっていなくても在家役、公事・夫役は負担しなければならないと思います。逆に下人《げにん》・所従《しょじゅう》(4)だから百姓の負担はしない、あるいはできないということもあるでしょうし、自分は百姓なのだから下人・所従とは違うのだというういい方もあるわけです。地頭の所従の在家には領家からの在家役は賦課できません。領家側からは免家、免在家になります。

中世の百姓は、田畠の所持によるのでなく、身分的に特定の主人を持たない「自由民」なのだと思います。これには異論も大いにありますが、百姓が公事を負担しなければならないというのも自由民としての義務なのではないかと思うのです。その単位は在家だと思います。そう考えれば、この話はいちおう筋を通して理解できると思います。

笠松　「これを雇ひ」というのは、兵士役などのことをいっているのでしょうが、実際に公事が行われたときに、百姓だから無料で奉仕しなければならない人間と、お金をもらって雇われている人間と二通りあるということですかね。

網野　そう考えてよいのではないでしょうか。むしろ不思議に思ったのは「百姓が足らないから」ということですね。これが宿のある宇都谷郷の特性かもしれませんが、いずれにせよ、この郷には田地もたくさんはないと思うのです。

笠松　でも、片方では「田地に随ひこれを充て催す」といっているでしょう。田地に従って割り当てるということだから、田地を持っている人間でも、百姓ではないからといって負担しない人間もいるということになるわけですね。

網野　傀儡は当然免在家だから夫役はかからないのに、ここで百姓並みにいろいろな賦課が行われることに強い不満に思って、訴えているように思えるのです。ここのところはいろいろな解釈がありうるでしょうが。

二所詣の人夫・伝馬、湯詣の人夫・兵士といっているけれども、兵士は荷物を運ぶ人でしょう。

笠松　要するに、いちばん最下級の階層の人ですね。幕府の法令などに兵士と出てくる場合がありますけれども、たとえば獄舎、官食、兵士は守護の役というふうに出てきます。ですから、獄舎の管理とか、囚人に食べさせる食料とならんで、見回りの人間を兵士といっているわけで、守護が調達しなければならない最下級の人足みたいな人たちを指しているのだと思います。

網野　人足といってしまえばいいかもしれませんね。美濃の大井荘の、年貢を運送するときにも必ず兵士がついていくのです。

笠松　そうすると、これは武器を持っているということは、全然関係ないわけですね。

網野　武器とは直接、関係ないと思います。湯詣のときには兵士になっていますね。伝馬は馬ですが、湯詣は人の力なのでしょうか。

笠松　走湯山に登ったら、これも湯詣になるかどうかわかりませんが……。

網野　熱海の湯はわりに早くから始まっているけれども、「詣」という言葉が付く以上は参詣しなければいけないのではないでしょうか。

笠松　ああ、参詣か。

網野　詣には信仰的な意味がなくてもいいのでしょうか。

笠松　貴人の許に行くときには神仏に関係なくても「詣《もう》ずる」というのではなかったでしょうか。

網野　それならそれでもいいわけですね。

——伊豆山だと伊豆山神社がありますね。

網野　二所詣は伊豆山《いずさん》神社と箱根です。この二所には将軍は必ず行くのです。自分が行かないときにはだれかに代参させます。これは『吾妻鏡』などによく出るのですが、「湯詣」は見たことがありません。これはここだけなのではないでしょうか。しかし、『日本国語大辞典』も見てみるものですね。「湯」詣に那須が出てくるとは知りませんでした。ただ温泉に行くということには、特別の意味があるようです。温泉のある場所は聖地でもあるわけで、それで「詣」という言葉に意味があるのかなと思ったのですが……。そしてこの近辺だったら伊豆かなと思ったのです。そうなると、走湯山か熱海かということになりますね。

笠松　不思議なことに、『吾妻鏡』には二所詣などの記事が非常に簡略で、あまり詳しい記事は出ていませんね。

網野　随兵の名前が出てきた記事はあったのではないですか。

笠松　ただ、旅行記みたいなものはありませんよね。『吾妻鏡』は、将軍記みたいなものがその原拠史料になっていることが想定されていますが。その部分はどうもないみたいですね。鶴岡八幡宮の参詣などはやたら詳しくて、随兵のリストなども毎年載っているのに……。

網野　たしかに記事が簡略ですね。

さて、さきほどの百姓の課役か田地の賦課かということはどうでしょうか……。

笠松　さっきおっしゃったように、この所領が幕府の直轄領だから、こういうものもここまでかかってきたのだろうと見たほうがいいでしょうね。

網野　普通の所領では、百姓の賦課にならないでしょうね。

笠松　御家人が行けばね。

網野　御家人役ですからね。

笠松　ここは御家人がいるわけではないですね。強いていえば、御家人と同じように僧侶が随行するのかもしれないと考えたわけですが、そう考えるよりは、さっきおっしゃったような考え方のほうがいいと思いました。

網野　預所が御家人と同じ役割を果たしているということになるわけですか。

笠松　御家人というか、地頭というか、岡部権守の跡を継いでいるわけですから。

網野　いやいや、こうして細かく考えてみるとわからないことが多いですねえ（笑）。

註

（1）**二所詣**　二所参詣とも。特に源頼朝の時代から始まる将軍の伊豆山権現と箱根権現に参詣することをいう。
（2）**水呑**　無高の百姓。年貢の賦課される基準となる石高を所持していない百姓。
（3）**無足**　無足人・無足の仁・無足の輩・無足衆などとも。ここでいう「足」とは、家臣として課役を勤める義務のある所領のこと。従って無足とは、中世において、主君と主従関係を結んだうえで知行する所領などを持たない、家臣のこと。
（4）**下人・所従**　中世の隷属民の身分呼称。売買、譲与の対象となった不自由民。

第五条　過料の事

一、過料の事、
右、傀儡等の申す如くんば、草萱次郎々従小次郎入道所縁あるに依り、栄耀尼の許《もと》に来住するの処、さしたる誤り無しといへども、過料を行はると云々、教圓の申す如くんば、彼の次郎入道母《ぼ》開《かい》に及び尼の妹婿紀藤次に放言《ほうげん》せしむる事、召し決するの処、論じ申さざるに依り、貳貫文の過料を行ひ畢ぬと云々、てへれば訴陳の如くんば、重料にあらざるの処、過料と号し、貳貫の銭を取らしむるの條、教圓の所行甚だ過分たるか、自今《じこん》以後停止せしむべし、

笠松　第五条「過料の事」にいきましょう。過料というのは一種の罰金です。草萱次郎《くさかやじろう》という人が出てきます。

網野　この人については全然わかりません。

笠松　『姓氏家系大辞典《せいしかけいだいじてん》』(1)を引いてみると、駿河の庵原郡《いおはらぐん》(2)に草萱という村があったと書いてありす。この人は御家人としては出てきませんが、その郎従の小次郎入道という人が、所縁があって栄耀尼のところに来住していたところ、「……さしたる誤り無しといへども」、それに対して罰金をかけてきた。

ところが、教圓のいうところによると、小次郎が、栄耀尼の妹婿紀藤次に悪口をいったという。そこで、ここが問題なのですが、「召し決するの処」ということですから、預所が裁定者になり、加害者と被害者の両方を召し決したところ、加害者の小次郎のほうが、「論じ申さざるに依り」、つまり、弁明をしないで罪を認めてしまったから、二貫文の過料に行ったのだというのです。

ところが、幕府の裁決は、そんなものは大した重科ではないのに、過料だといって二貫文取ったのはひどい。そして、「自今以後停止せしむべし」というわけで、この二貫文を返却させるとかいうことは全然ふれてなくて、過料を取るということについて自今以後停止するといっている。自今以後と限定しているところも問題ですが、それは別にして、いちばん問題になるところは、悪口をいった人間といわれた人間です。悪口をいわれたほうは栄耀尼の妹婿であり、いったほうは栄耀尼に所縁があってやってきた人間なのです。

要するに、栄耀尼を中心にすれば、両方とも親近性のある人間が、悪口をいった、いわれたで「召し決する」。被害者が預所に訴え出なければ「召し決する」ことはあり得ない。この部分如何にもそうした「訴え」があったような表現がされている。もちろんこれは当事者である教圓のいい分をそのまま書いているので、その点は注意が必要ですが、ごく身近な人間同志でこんなことを訴え出る、そんなことがあるのかと考えてしまいます。

この当時はよくあることなのですが、悪口をいったかいわなかったかというのも、一種の検断沙汰《けんだんさた》（刑事裁判）になり、地頭がいれば地頭の検断権のなかに入ってくるわけです。この当時よくあるパターンというのは、悪口をいったとか、バクチをやっているとかというのを地頭が聞きつけて、訴がないにもかかわらずそれを手がかりにして加害者から罰金を取ったり、田地を没収したりするのが一つのパターンです。

ところが、この文章を読むと、訴があって召し決したという格好になっているでしょう。しかも、紀藤次と小次郎入道の両者ともが栄耀尼の親近者である。そして、この場合は、一次的な裁判権をもっていると思われる預所に対して、出訴して、その結果、過料という裁決が出た格好になっている。この点をどう理解したらいいのか、私にはよくわからないのです。

網野　なるほど。「母開」については笠松さんは論文があるから詳しく話して下さい。

笠松　母開という悪口の史料はたった二つしかありません。(3) 一つがこの今宿の史料、もう一つは同じ建長年間ですけれども、西の安芸《あき》の厳島の史料にも「母開(4)」という言葉が出てきます。この史料で「母開に及びて放言」というところが、安芸の史料では「母開に懸りて放言」したと表現されています。「開」というのは古くからの言葉で、訓で読むとツビといい、女性性器のことです。つまり、母開は母親の性器ということになります。

一方、「おやまき（母婚き）」という言葉がありますが、母をまく（婚姻する）ということから母子相姦の意味があるとされているわけで、それと非常に似ているのです。ですから、母開というのは、単に母親の性器についていったのでなく、母子相姦に関する悪口ではないかというのが私の想定です。もしそうだとすれば、これは大きなタブーにひっかかってくるものですが、これについての短文を書いたあとでいろいろ人の話を聞くと、こういうことは世界中にごく最近まであったことだというのです。

網野　母子相姦が？

笠松　母子相姦というのはもちろんいまでもあるわけですが、それにかかわる悪口というのは、アジアだけでなくヨーロッパでもどこでも、世界中にたくさんあるということです。ですから、これは強烈な悪口の一つではないかと思います。史料では「母開」という言葉は二つしか出てきませんし、ほかにもそういう話がないところをみると、おそらくこれ以外に出てくることはないでしょう。

――母子相姦に関するというのは、次郎入道がだれに対していったものですか。

笠松　紀藤次に対してです。

――紀藤次は尼の娘婿ではないですね。

網野　これは尼の娘婿ではありません。

笠松　しかし両方とも尼に関係のある人間です。紀藤次というのは尼の妹のお婿さんだけれども、母親は全然別ですからね。

――紀藤次の母子相姦に関する悪口ということですか。

笠松　悪口そのものなのです。「お前は母親と寝た」ということを相手に対していうことは、ものすごい悪口をいったことになる。それが「母開に及ぶ」とか「母開にかかる」という表現になると思うのです。つまり「おやまき」というのと同じです。おやまきというのは『古今著聞集』に出てきたりします。母子相姦は日本では古くから「国津罪《くにつつみ》」(5)にあげられている罪の一つです。

網野　『祝詞《のりと》』(6)に出てきますね。

笠松　私はそれに関係していると思うのです。そしてそれをいわれたほうは、同等の悪口をいい返すことによって、大きなトラブルになるらしいことが安芸の史料には書いてあります。

網野　預所が裁決したのは、この悪口自身がもつ意味の強烈さをそのまま放置しておくと、治安にかかわるようなことのおこる可能性があるから、裁決したということはありえないですか。

笠松　いったことの中身と訴人がいるかどうかというのは話は別でしょう。いわれた側がそんなことは放っておけないというので訴えた。

網野　当人が訴えたとしか考えられない？

笠松　これは一般に刑事事件の原則にかかわります。いまは犯罪が起これば警察が捜査し検事が原告になって訴えますね。ところが、中世の段階では、犯罪が行われただけでは裁判は始まらない。あくまでも被害者が加害者を特定して訴えなければ裁判にはならないというのが原則だったといわれているのです。もちろん一般論で例外はいくらでもあると思いますが。

網野　「獄前の死人……」というぐらいですからね。

笠松　「獄前の死人、訴なくば検断なし」ということで、警察の前に死体が転がっていても、訴える人間がなければ、そんなものは裁判にもならないという法諺《ほうげん》(7)が、当時の古文書のなかに引かれていまして、このことをテーマとする大きな論文も書かれているのです。

ところが、一方、地頭は、そういう刑事事件があると、それを処罰することによって、見返りとして自分が罰金を取ったりすることができる。これがいまとまるっきり違うところで、検断権者が加害者から罰金や所領を奪い取ることができるという原則がある。これが日本の歴史を動かしていく大きな原則の一つになっているわけですが、それがあるものですから、何かをいいがかりにして、訴がないのに一方的に検断権を行使するということがざらにあるわけです。

ただ、それと訴人がいなければ刑事事件が成立しないという原則と、どういうふうに結びつけるのかが問題ですが、ここの「召し決する」という言葉と「論じ申す」という言葉だけを、普通の中世語として理解すれば、あくまでもこれは紀藤次が訴えて、小次郎入道はそれに陳弁することはできなかったということになる。文章を訳せばそうならざるをえない。そうしますと、訴えによって預所の許での裁判が起こったということになるわけです。この場合何か不自然のような気もするのですが……。

網野　しかし、それ以外には考えられませんね。しかし、この事件のおこっているのは大変狭い世界での話ですよね。

笠松　私は「母開」のことを書いたときにこの史料を使ったのですが、そのときは、この史料を深く読まないで、ただこの箇所だけ使ったのです。そして、傀儡はどういうものかというのは、網野さんが岩波新書に書いたものをそのまま引用しただけですませました。ですから、この辺まで深く考えませんでした。

悪口が罪になるというのは、悪口が喧嘩や闘乱の原因になるという理由によって、御成敗式目《ごせいばいしきもく》が「悪口の咎《とが》」(8)というのを立法したことに始まるのです。それ以前はどうだったかということも問題ですが、公権力が悪口にかかわるということは、それほどなかったのではないかと思います。御成敗式目の立法者も社会の末端でこんなことがおこるというようなことを想定していたわけでなく、御家人どうしが悪口をいい合うことが多いために、治安維持的に悪口罪を制定したと思われます。

しかも、実際の問題として、法的に悪口が問題になったのは裁判のなかのことです。たとえば、相手を「乞食非人」とよぶとか、武士なのに「甲乙人」というとか例はかなりあります。しかも、悪口をいわれたという訴えは一種のいい得なのです。もしそれが悪口だと認定されれば、それだけで裁判に勝つことが出来るのに、「謀書」(偽文書)のようにいったらそれに責任をもたなければならないとは違って悪口の場合はいい得なものだから、しじゅう悪口が出てくる。

幕府は、結局そんなものは大した悪口ではないということで済ませるケースが多いのですが、なかにはしっかりと悪口の罪になっている場合もある。御成敗式目が悪口を立法化したものだから、われわれは、中世にこういう悪口があったのだということを史料で見ることができるわけです。

御成敗式目は、中世法としては非常に特異な性格をもつ法律ですから、その影響が強く、悪口が罪だという観念を社会の末端にまで及ぼしたことになります。ですから、幕府がはじめは思ってもみなかった影響を社会的に及ぼした結果、こんなところまで記録に残っていて、「母開」などという特異なものまで、知ることができるのです。

このケースでは、多少疑問は残りますけれども、預所が両方を召し決して「母開」という悪口に対して二貫文の過料を行うということになるわけです。

——それに対して不服で訴陳《そちん》しているわけですか。二貫文の過料が重すぎるということはないのですか。

笠松　それも一つあります。「貳貫《にかん》の銭を取らしむるの條……甚だ過分たるか、自今以後停止せしむべし」というわけで、二貫が過分かどうか、という問題もあります。

これとほとんど同じ時期、建長五年に諸国地頭代宛て十三ケ条の幕府法（追加法二八二〜二九四）があって、検断権の行使についての地頭の非法が列挙してあるのですが、そのなかに、窃盗という条があります。

盗んだものが三百文以下の場合は、その倍額を返済すれば罪は問わない。そして、三百文以上、五百文以下の間が、過料二貫文。それでは六百文以上はどうなったかというと、これは過料では済まされなくて、はじめて身体的な罪が登場するのです。たとえば拘留されたりするようになるわけです。この法令にあてはめれば、「過料貳貫文」は三百〜五百文の窃盗罪に相当しています。

——これはいっぺんに二貫文になってしまうわけですね。一貫文というのはないのでしょうか。

笠松　一貫文というのはありません。三百文以下だったらたかだか六百文払えばいいということです。

話は別になりますが、窃盗というのは大した犯罪ではないというのが、朝廷、幕府など公権力の法理なのです。ところが、一般の社会の底辺では、盗みというのは大変な犯罪になるわけです。盗み・火付け・殺しの三つが、いわゆる大犯《だいぼん》三か条と後代にいわれるもので、一般社会のなかでは重大の犯罪とされていますね。

ただ、窃盗に関しては、朝廷や幕府は常に大した犯罪ではないという立場に立っているわけで、荘園のなかでの百姓や何かの盗みの場合は、三百文以下のところにおさまるのではないでしょうか。それだから、一倍弁ということで、二倍払えばいいということになっているのだろうと思います。三百文以上五百文というのは中程度の罪ということになります。

過料に関する史料はわりにたくさんありますから、調べればある程度わかると思います。

これは公家法に属するのですが、弘長《こうちょう》年間の広田社《ひろたしや》の神祇官下文《じんぎかんくだしぶみ》(9)という有名な史料がありますが、そこには、密通、つまり、他人の妻を犯したという場合は、「訴人ありて落居《らくきょ》せしめば、過料弐貫《にかん》を徴すべし」とあります。

女性関係の問題というのは、訴えがあるかどうか、証拠があるかということが何時も問題になるのですが、訴人があって、たしかな証拠があった場合はこれも過料二貫ということになっています。二貫というのが、当時にあっては重いのかどうかといわれると、一概にはいえませんけれども、少なくとも軽くはないということは確かでしょう。

網野　そこで「重科にあらざるの処」ということが出てくるんでしょうね。

――　軽くはないから、かえっていいわけですね、小次郎入道が……。

註

(1)　**姓氏家系大辞典**　太田亮著、姓氏大辞典刊行会刊、一九三六年。角川書店再刊、一九六三年。

（2）**郎従**　平安中期頃から史料にも見られる、武士や国司に仕えた従者。郎等と同義でも使われる。
（3）笠松「お前の母さん……」『中世の罪と罰』東京大学出版会、一九八三年。
（4）「厳島野坂文書」　建長三年十月日、厳島社楽頭佐伯道清申状。
（5）**国津罪**　天津罪と国津罪がある。古代より行われた祓いに用いられた「大祓詞」という祝詞に列挙されている。天津罪とは天上で素戔嗚尊が犯した罪を諸人が犯してはならない罪とし、国津罪とはこの国土で諸人が犯した罪や穢のことをいう。国津罪には身体損壊や皮膚の疾患、近親相姦や獣姦などがある。
（6）**祝詞**　祭礼や祓いなどに際し、神に対して捧げる詞のこと。現存する最古の祝詞は「延喜式」にある二十七巻。
（7）**法諺**　法に関することわざや格言のこと。
（8）**悪口の咎**　御成敗式目一二条。悪口が殺し合いの原因になるという理由で、重いものは流罪とし、裁判での悪口は原則負訴と定めた。
（9）**広田社の神祇官下文**　広田社は摂津国（兵庫県西宮市）の有力な神社。官制上広田社は、神祇官の管轄下にあり、その長官たる白川家が領家として同社に下した法令ということができる。これは弘長三年四月二十日の十八箇条の下文。

第六条　阿曽尼作稲の事

一、阿曾尼作稲《さくとう》の事、
右、傀儡等の申す如くんば、前の預所代玄海の手より、百姓田を請け作るの処、指したる罪科無し、教圓入部の時、左右無く苅り取らしむと云々、教圓の申す如くんば、預所名たるに依り、玄海阿曾尼に散田《さんでん》せしむるの間、教圓新司《しんし》として入部の時、これを苅り取り、所当を沙汰し進《まい》らすと云々、てへれば前の預所散田せしむと雖も、尤も所当を徴納すべきの処、教圓左右無く苅田に及ぶの條、頗《すこぶ》るその謂れ無きか、非法等に依り、教圓を改易《かいえき》すべきの由、状の右に載す、その上は沙汰の限りにあらず、

笠松　第六条「阿曽尼《あそに》作稲の事」です。作稲《さくとう》というのは生えている稲のことですね。傀儡のいい分に、預所代ということで、はじめて玄海という名前が出てきます。「傀儡等の申す如くんば、前の預所代玄海《げんかい》の手より、百姓田を請け作るの処、指したる罪科無し、教圓入部の時……」。ここの部分の文章はおかしいんで、「教圓入部の時」のあとに「指したる罪科無しといえども……」というふうにいうべきだったたと思います。

網野　そうなんですね。ここのところがちょっとおかしい。

笠松　阿曽尼という人が、前の預所の玄海という人から百姓田を請《う》け作《さく》していたところ、何も罪科がないのに、教圓《きようえん》が預所として、入部してきたときに、田の稲を苅り取ってしまったというのが傀儡の訴えです。

それに対して教圓の側は、この田は百姓名ではなく預所名なので、「玄海阿曽尼に散田せしむるの

間、教圓新司として入部の時、これを苅り取り、所当を沙汰し進《まい》らすと云々」とあります。刈り取ったことは刈り取ったけれども、年貢のほうはきちんと払っていますよということをいっている。「沙汰し進らす」の目的語がないのは、第二条の「仰せ下さる」の主語がないのと同じで幕府に納めている、というのだと思います。

それに対して判決は、「前の預所散田《さんでん》せしむと雖《いえど》も、尤も所当を徴納すべきの処、教圓左右無く苅《かり》田《た》に及ぶの條、頗《すこぶ》る謂《いわ》れ無きか……」となっている。散田であっても請作者から年貢を徴集するのが当然なのであって、それを理由もなく刈田に及ぶというのはいわれがない、というわけです。そして、教圓を預所からクビにしてしまう。「教圓を改易《かいえき》すべきの由、状の右に載《の》す」と書いてありますが、第七条のあとの最後のまとめのところに「教圓を改易し」と書いてあるわけで、それが「状の右」という表現になっていますが、これもまた一つの問題だと思いますが、とにかくあとでクビのことは書いてあるのだから、この条では触れないということなのでしょう。

それで、まず「請作」について解説していただかないとわからないのですが、いかがでしょう。

網野　傀儡の主張は、玄海は百姓田、つまり百姓名の田で本来、百姓が所当を請け負っている田地を傀儡に請作させたのだといっているのだと思います。

笠松　預所名は？

網野　傀儡はこの田地は預所名ではなくて、百姓名の田地の請作だ、というわけです。

笠松　百姓の田という範囲に入るものということですね。

網野　これは、預所が介入すべき田地ではなくて百姓が所当を弁ずる責任を持つ田地であるということでしょう。

笠松　ああ、そういうことなのですか。

網野　私はそう読みました。もし傀儡に何かの罪科があれば、当然、稲を刈り取られてもしょうがないけれども、何の罪科もないのに預所教圓が刈り取ってしまったのは不当だというのが傀儡の主張です。

ところが、教圓は、これは百姓の田地でなく預所名であり、預所の直接管理下にある田地を玄海の責任で傀儡に割り付けたというわけです。つまり散田《さんでん》したということです。

笠松　割り付けるというのは？

網野　その年々にこの田地を請け作するという取り決めをするわけです。

笠松　散田という言葉にはいろいろな用法があるわけですか。

網野　いろいろな場合に使いますが、普通、名田《みょうでん》と散田とに分かれており、名田のほうは、名主になった百姓が永続的に年貢を請負っているのですが、散田は、その年その年に年貢を請け負う人、つまり請作する人を決めるわけで、その行為を「散田する」というわけです。この場合は、預所代玄海の責任で百姓の田地を阿曽尼に請作させていたところ、玄海に代わってやってきた教圓が、この田地は本来、玄海の管理下にある預所名であるとし、玄海のあとをうけた自分の責任ある預所名であるから、自分の方式でやってかまわないとして、苅り取ってしまったわけです。しかし所当はきちんと出しているのだから問題はないのではないかと教圓はいっていると思うのですが、これではおかしいですか。

笠松　そうなんですけれども、百姓名か預所名かはいちおう別にして、いくら預所名でも、いちおう請作という契約関係で行われているわけでしょう。契約で一年とか二年とか年紀を定めているわけですが、それを請作している人間がいる。いくら預所名だといって、預所が変わったとしても、それを苅田するというのはどうでしょうか。「謂れなきか」と書いてある。幕府のいい分をそのまま真似るわけではないですけれども、普通では考えられないことでしょう。

網野　「指したる罪科無し」といわれていますが、玄海と阿曽尼とのあいだに何かトラブルがあったと教圓は考えているのではないですか。

笠松　そこでさっきの問題が出てくるので、前預所と現教圓のあいだに何が起こっているかということです。前の預所が犯罪者であれば、当然、犯罪者のやったことは認めないという理由で苅田にすることはじゅうぶんありえます。だから、前の預所が改替されて教圓に代わったということは、犯罪ではないかもしれないけれども、教圓のほうからみれば、一種の没収領として自分は入部してきたという意識があるのではないでしょうか。

網野 なるほど。なるほど。それは面白い見方ですね。頼経が追い出されたから……。

笠松 だから、頼経が追い出されたということは、それに付随して京都に帰ってしまった人間の跡というのは、いわゆる没収地というふうな考え方で、そこに教圓が新司として入ってきたと考えられないでしょうか。

網野 「新司《しんし》」という言葉にはそういう意味がたしかにありますね。

笠松 そこへ入ってきたから、自分としては、前の人間がやったことはまったく認めなくていいという。これはよくあることで、それほど不自然なことではない。それだから刈り取ってしまったというのではないか。この事を根拠にすると、前の預所といまの教圓とのあいだの断絶というものは、簡単なものでなくて、大きな断絶になっている。それだから、こういういろいろな問題が起こってきたのだろう。ここがいちばんポイントだろうと思うのです。

網野 たしかにそうですね。

笠松 苅田狼藉《ろうぜき》とい(1)うのは大変な狼藉です。青いうちに刈ってしまっても何にもなりませんから、収穫期になって強引に刈るわけですね。この史料は七月ですから苅ったのは前の年でしょうね。

網野 すでに終わってしまったことですね。

笠松 苅田狼藉についてもいろいろな問題がありますが、この時点では幕府法上は刑事事件とはなっていません。幕府の考え方は、苅田狼藉というのは、所有権をめぐるトラブルから派生してきたものだという見地に立って、苅田狼藉というのは、もともとは民事事件として考えたものですが、鎌倉の終りごろになって刑事事件のなかに入ってくる。刑事事件と民事事件のちょうど境目みたいなところに入ってくるのですが、いずれにしても、苅田などというものは、余程のことがなければ、やって得になることではないわけですし、普通ではやらないと思うのです。だから、何か跡地というか、没収地か何かではなかったかと思うのです。

網野　「新司」といわれていることがそれと関係があるかもしれませんね。「前司」に対する「新司」といういい方ですね。

笠松　代が代わったというだけでなくてね。

網野　逆に、ここで教圓の非法がいちばんはっきりしてくる。

笠松　そう思いますが……。

網野　阿曽尼は、これを百姓田だと見ているわけですね。ところが教圓はこれを預所名というわけで、だから預所の恣意が入り得るとしているのですが実態が百姓名だったら、大きな不法ということになります。

笠松　逆にいえば、預所名だから刈り取れたわけですよね。没収地として考えればね。ただ、これもそういうふうに理解するのがいちばんいいと思うけれども、請作という契約関係のようなものが、この当時、どのくらい保護されているものなのかということがよくわからないのです。

網野　そうですね。傀儡は、当然田地を耕しているのだけれども、これは年貢のかからない免田だと思っていると思います。それに加えて、預所名か百姓名かはわかりませんが、いずれにせよ預所によって散田された田地を請作していることがわかる点は、傀儡の実態を考える上で大変に興味深いことです。しかも、請作者が女性の名前というのはふつうはめずらしいのですが、ここにまさしく傀儡の姿がよくみえることになります。

笠松　ここの部分は、預所の変遷というか、この相論を勃発させたそもそもの原因を考えるときの大きなカギになっているのではないかと思います。

網野　いまの話でよくわかりました。前司分を没収領と考えれば非常にすっきりします。少なくとも教圓はそう理解していたことは間違いないでしょう。

笠松　「預所代玄海の手より」という表現も面白いですね。玄海が本当にやったことなのだから、ということも含めて「手より」というい方をしている。

網野　これもわかりません（笑）。何か意味があると思うけれども……。阿曽尼の阿曽というのはどういうことなのでしょう。

笠松　阿曽というのは、国語辞典によると、親愛をこめて男性を呼ぶときに「○○阿曽」というふうにいうのだそうです。

網野　「吾子（あこ）」(2)のようないい方につながるのでしょうね。『宇津保物語』の「忠こそ」というよび方とも通じているのかしら。

笠松　傀儡の独特のよび方だと思ったのですけれどもね。

網野　これはたいへん勉強になりました。

笠松　当たっているかどうかわからないけれども……。

網野　栄耀尼は傀儡らしいと思っていましたけれども、阿曽にもそういう意味があったとは面白いですね。「状の右に載《の》す」というのは？

笠松　これがまた不思議なところで、右が左の間違いではないかという可能性もないことはない。原本の字は、もちろん右のほうがいいのですが……。

網野　これは右ですね。

笠松　右だとしますと、いちばん最後に書いてあるのは状の左なんで、なぜこれが右になるのか。

網野　署名者から見て右とも考えられますね。「状」がよくわからないけれども……。

笠松　状というのはこの文書でしょう。

網野　もちろんそうですけれども、署名する人が「右の通り」というでしょう。それと同じと考えたらどうかなと思ったのですが。

笠松　自分の署名より右ということですか。ああ、そうですか。

網野　全然根拠はないけれども、笠松さんはどう考えますか？

笠松　勝訴した人間に手渡すときに、渡すほうから見れば右になるというぐらいしか考えつきませんでした。

網野　たしかに渡すほうからいえば右ですよね。

笠松　だいたい右とか左とかというのは、あまり聞いたことがないですね。

——こういう文例はあまりないのですか。

笠松　「右に同じ」とかいうのはあるけれども……。

網野　「右、対決の時」のようにやはり「右」と書きますよ。これは本当に右なのですが……。

笠松　字は「右」ですし、いちばん最後のところを指していることは間違いないです。「条々の非法遁《のが》れ難きの間、教圓を改易し、穏便《おんびん》の輩《やから》を補《ほ》せられるべきなり……」というのが、なぜ「右」なのかわからないですね。もちろん間違えることはあるけれど。

網野　左に載せたという例も見たことがないですね。

笠松　普通だったら「奥に載す」とかなんとかいうでしょう。

網野　奥なら当然よいですがね。

笠松　これはよくわかりませんね。

註

（1）**苅田狼藉**　他人が知行する領知の作物を、自分が知行の権利があると主張して刈り取ること。中世の初期においては、茹田の行為そのものが処罰されるのではなく、どちらに権利があるのかを所務沙汰訴訟によって争われるなど、一種の自力救済として認められていた。狼藉として刑罰の対象となるのは十四世紀の初め以後。

(2) **吾子**　目下の近親者や幼い子供を指す語、あるいは親しみを含めて呼びかける語。中世以後では、小児の自称。

第七条　在家間別銭の事

一、在家間別銭《まべつせん》の事、

右、傀儡等の申す如くんば、毎月在家の間別に銭拾文を弁ずべし、叙用《じよよう》せずんば、郷内を追却《ついきやく》すべきの由、成敗せらるるの間、耕作を抛《なげう》ち訴へ申す所なりと云々、教圓の申す如くんば、御持仏堂の御油は、前々政所の沙汰たるの処、当郷の役たるべきの由、仰せ下さるるに依り、当郷は畠地無きの間、在家の間別に拾文銭を進らすべきの由、充て催すと雖も、未だその沙汰を致さずと云々、てへれば御油は政所の沙汰たる事は、御領無き以前なり、尤も当郷の得分を以て、その沙汰有るべきの処、新儀を以て、在家に間別銭を充てしむるの條、教圓の所行頗る以て無道なり、

笠松　いよいよ最後ですが、これもわからないのです。間別銭はマベツセンと読むのですか。

網野　そうだろうと思いますが「ケンベツセン」とも読むかもしれません。

笠松　傀儡の言分は、毎月在家の間別に拾文を払え、払わなかったら郷内を追放すると「成敗せられ」たので、「耕作を抛《なげう》ち訴へ申す」というわけですね。傀儡は耕作をなげうって、この鎌倉へやってきて訴えたということでしょう。前にもふれましたが、この条は最終の項目ですが、傀儡にとっての切迫感は一番の感じです。

教圓の陳弁は、「御持仏堂の御油は、前々政所の沙汰たるの処……」。幕府の政所の費用でこれをやっていたという。ところが、第二条と同じように「当郷の役たるべきの由、仰せ下さるるに依り」この間別銭をかけた。そして第三条の「百姓不足」の代りに、今度は「畠地無きの間」という理由になっている。止むをえず「在家の間別に拾文銭を進《まい》らすべきの由、充《あ》て催すと雖《いえど》も、未だその沙汰を致さずと云々」。つまりまだ実際には徴集していないということだろうと思います。たしかに命令はしたけれども、取り立ててはいないというわけですね。それでいいでしょうか。

網野　いいと思います。「御領無き以前なり」……。

笠松　幕府の判決は、「御油は政所の沙汰たる事は、御領無き以前なり」ですから、久遠寿量院が所領を持っていないころのことだというわけです。所領が出来たのだから、当郷の得分をもって油を沙汰しろという。当郷の得分というのは、もちろん久遠寿量院の収益です。そのなかから油の費用を出すべきなのに新儀をもって在家間別銭を徴集するのは、「教圓の所行頗《すこぶ》る以て無道なり」というわけです。

そこで問題はいろいろありますが、間別銭というのは後回しにして油の費用ということは、持仏堂ですから油を燃やしているわけですが、預所のいい分は、畠がないので在家に間別銭を課したというのですが、なぜ畠の有無が問題になるのでしょうか。

網野　よくわからないけれども、油をとる荏胡麻は畠地で栽培しているからでしょう。

笠松　ごま油だか何だか知りませんけれども、油は畠から取る。そうすると、銭を割り当てるときでも、畠にかけるわけですか。

網野　やはり、エゴマ（荏胡麻）(1)を畠に植えることしか考えられませんね。

笠松　油だから畠ということですか。

網野　本来エゴマの植えてある畠地から現物を取っていたのでしょう。そうでも考えないと、この条は理解できないです。

笠松　油というのはどこでも作っているのですか。

網野　かなり広く作っています。だけど、油の取り方としては畠の反別に割り当てるようなやり方が一般的とはいえませんね。公事として在家役の名目で取ることもあるし、田地に年貢として賦課することもありうるでしょうね。

笠松　油の生産が畠で行われる、という名分がそこまで影響するということは、常識では考えられないと思いますけれどもね。

網野　しかし「畠地無きの間」というのだから、本来は畠地に賦課すべきだという見方があったと考えられるわけで、畠地は実際に油を生産をする場だったからとでも考えないとこれは理解しがたいのではないでしょうか。

笠松　私は、油だから、実際はお金を取るにしても何にしても、田地や在家に割り当てることはできないということだったのかと。

網野　それはないと思います。

笠松　建前でもそれはありえないということですか。

網野　塩を田地に賦課しているわけですから、油を年貢にしている荘園では田地に油をかけると思いますよ。

笠松　油というのは、有名な大山崎とか、特定の産地だけではなくて、どこでも取れるのですか。

網野　どこでも出来ますね。油を年貢にしている荘園も畿内や山陽・南海道諸国にはたくさんあります。

――燈油(2)ということは考えられませんか。

網野　これは燈油のための油で、この時代はエゴマからとります。

――桐油《とうゆ》(3)というのではないですか。

網野　桐油は戦国期にはたしかに作られていますが、これはエゴマの油だと思います。まずこの時期にはほかの油はないと思います。私が調べた限りで油を年貢にしている荘園は全国で四十三ケ所、全荘園数の六パーセントあります。しかし、考えてみると、油の商人の研究はたくさんあるけれども油の生産の研究はありませんね。森浩一さんに聞いたのですが、エゴマは縄文時代から栽培しているそうですから、これからもっと研究する必要がありますね。

笠松　理由ははっきりはしないけれども、いまおっしゃったようなことなんでしょうか。

網野　結局、銭で油を買おうというわけでしょうね。

笠松　普通はみんなそうですよね。東大寺みたいな大きなところだって、みんなお金を取ってやっているわけでしょう。

網野　東大寺では銭で油を買っています。

笠松　現物を割り当てるなんていうことはあまり聞きませんね。

網野　しかし油を現物で取っている荘園はありますよ。ただ、取り方はよくわからないので畠に反別油何升などという取り方をしているのはあまり見たことがないですね。

笠松　では油の代りの「間別銭」というのはどういうことでしょう。小学館の『日本国語大辞典』には日葡辞書の「タタミ二枚分の広さごとに支払われる地料 Mabetuo（マベツ）ヲダス」を引いて「室町時代、都市の屋敷間口に応じて課せられた臨時的公事、農村の棟別銭にあたる」としていますが。

網野　間口に応じて課するのは京都では「地口銭《じぐちせん》」といっていますね。地《じ》の口と奥の間数を丈量して、地口の間数に課税するわけですが、この場合は在家一間別ではないでしょうね。意味からいって在家一間別で、「ケンベチセン」でもよいのではないかと思います。

笠松　国語辞典を見たかぎりでは、軒という言葉を、間口の広さに関係なしに一軒というかたちで使っているのは、『浮世草子』の例ぐらいしかあげていませんが。

網野　ぼくも用例を探してみたのですが、間別の用例で、間口の一間、二間ではなくて、近江の坂本だったと思いますが、一軒の「間」で出てくる例がありますよ。棟別銭《むなべちせん》が鎌倉時代にはでてきますからね。それと同じ原理でしょう。

笠松　そんなに古くからあるのですか。

網野　在家別で棟別十文です。

笠松　そうすると、これは在家ごとに十文というのと同じ意味ですか。

網野　それでよいのではないかと思います。在家の間別に課税をするのは都市的な課税です。宿在家に若干の銭が賦課されていた例として、越前の三国湊や、金津宿の事例があり、やはり在家に対して銭を賦課しています。鎌倉末期のことです。

在家を検注して間別に課税するのが、都市の検注・課税の方式です。備中国新見《にいみ》荘の市庭も三十間以上の在家がありますがその在家の屋敷はすべて十代《しろ》(4)で全部同じです。

笠松　それは広さですか。

網野　広さです。これほどに面積が同じになっている例はほかには知りませんが、多分、道路にそって同じ間口の在家が短冊形に並んでいるのでしょう。このように在家が都市の基本的な課税単位です。

笠松　これはあくまでも傀儡を含んでいるような都市的な町、宿みたいなところですか。前に出てきた在家とは違うわけですか。

網野　実態は違うと思いますが原理は同じでしょう。ただ田畠を持たないで在家だけの百姓は「在家人」といわれており、やや差別的な意味でも用いられることがありますね。宿在家の事例がいくつもありますよ。

笠松　家別だとすると、宿にはどのくらいの単位の家があるのですか。

網野　新見荘の市庭では在家間別十代で、五十代が一反だから、その五分の一ですね。

笠松　家は何軒ぐらい？　百の単位なのか、十の単位なのか……。

網野　十の単位でしょうね。新見市庭は三十数間です。

笠松　百だとしますね。そうすると、一貫文しか上がらないわけでしょう。

網野　しかし毎月十文ずつ取られたら相当とられることになります。

笠松　永村眞さんの本（『中世東大寺の組織と運営』）の受け売りですが、『延喜式』(5)によると東大寺では六石五斗ほど一年に油が要るんだそうです。

網野　たしかに油の物価から調べていく道もありますね。

笠松　これも永村さんに教えていただいたいくつかの史料によると、中世の油価は升あたり数十文から百四、五十文に分布しています、だから升百文とみて少なくとも単位の間違いはないと永村さんもいっておられました。次に、久遠寿量院がどのくらい油を消費するかというのは全然見当もつかないけれど、東大寺が六石だったら、六分の一ぐらい、最大限一石、恐らくその半分位かも知れない。

網野　一か月で計算するとどうでしょう。百軒はなさそうですね。

笠松　油のほうから計算して、最後に家の数を計算しようというわけ。

網野　逆に算出しようというわけですね。なかなか難しいな。

笠松　こんなことは笑われるだけの話ですけれども、こういうのをやってみないと気が済まないほうだから。

網野　さすが理科出身だ（笑）。

笠松　全部仮の話だけれども、仮に一石使ったとして、油一石というのは一万文になります。一石というのは一升の百倍ですから。そうすると、一軒で一年に百二十文出していたとすると……。

網野　七、八十軒になりますね。それで落ち着いた。

笠松　粗っぽい計算もいいところだけど、単位としてはそう間違っていないかも知れません。

――もうすこし少ないかもしれませんね。

網野　おそらく百軒よりは少ないと思います。

――東大寺の六分の一よりもっと少ないと思いますね。

笠松　そうだろうと思います。計算を単純化するために一石にしたのですけれどもね。

網野　その半分ぐらいかもしれないから、逆にいうと、五十軒ぐらいになるかもしれません。

――五十戸から百戸のあいだぐらいと考えてよろしいのでしょうか。

網野　そんなところだと思います。

笠松　そうすると、常識的にそんなにおかしくないことになりますか。

網野　宿の大きさとしてはおかしくないと思います。鎌倉末期の志摩国泊浦江向も在家が検注されていますが嘉元四（一三〇六）年に一〇七軒だったのが延慶三（一三一〇）年には一三五軒ふえて二四二軒になっています。これは大きな港町の事例で、宿はこれよりも小規模でしょうね。

この条についてもうすこしふれてみると、ここでは、傀儡の在家に間別銭が賦課されるということになっているけれども、もちろん宿の在家全体に課されているのでしょうね。

笠松　そうでしょう。だから、傀儡も入ってしまうということなんでしょう。

網野　宇都谷郷今宿だから、郷の田地もあるはずです。宿は在家の集合体で成り立っている場所で、家が集中しているところだから……。

笠松　私は都市的な在家ということは全然考えませんでした。普通の在家だと思ったものだから……。

網野　在家間別銭が取れるのは、都市的な在家ではないかと思うのですが……。

笠松　最初に出てくる旅人雑事とか、糯白米など、田地に随うとありますね。兵士役も田地分限となっているのですが、油は在家役になる。

網野　在家役とはいっているけれども、普通の在家役とはちょっと違うと思います。間別銭などというい方がそれを示しています。

笠松　棟別銭《むなべちせん》というのはどういうことになるのですか。

網野　はっきりわかりませんけれども、国に在家帳があって、それをもとにして棟別十文をかけているのだと思います。荘園・公領の単位ごとに、その在家数に割当てています。

笠松　どういうものを棟別銭として取るのですか。

網野　寺院を建てたり修善したりするような建築土木事業の費用を勧進によって集めるときの一つの方式ですね。家別十文の強制寄付と考えたらいいと思います。こういう形の賦課の仕方は、前にできたような個別的な荘園の領家・地頭の徴収する在家役ではないと思います。

笠松　そうすると、この場合の油は年貢なのですか、公事なのですか。

網野　「当郷役たるべき」となっていますから、年貢ではないでしょうね。

笠松　兵士役というか、人夫役みたいなのが田地に従ってかかってくるわけでしょう。これに対して油というのは間別銭でかかってくる。

網野　それは「畠地無きの間」という状況があったから、在家間別にかかってきたわけでしょう。

笠松　畠がないから、田にかけるのでなく、家にかけるということになるわけですか。

網野　そのへんのところは、ぼくもよくわかりません。油だからという理由だけで在家にかかってくるのかどうかよくわかりません。

笠松　油だからということがあれば、ほかにもそういう史料が出てくるでしょうね。油のことだって史料はたくさんあるんでしょう。

網野　その気で探せばあると思います。考えてみると、さきほどもいったけれども、油の研究はありませんね。油の売買については研究があると思いますが。

笠松　売買があれば、ある程度値段もわかりますね。昔、網野さんもおやりになった叢書がありましたね。

網野　『講座・日本技術の社会史』（日本評論社）ですか。あれにも入っていないと思います。油の生産や年貢としての油の研究は少ないと思いますよ。だから、このごろ私はあらためて炭についての研究をやろうと思っているけれど油もやってみたくなりましたね。

笠松　炭は値段がわかりますね。有名な建長五年の鎌倉市中の法令で値段がわかる（追加法二九六）。

網野　太良荘《たらのしょう》にも史料がありますね。大番雑事《おおばんぞうじ》(6)のときの炭、薪は出てきますけれど、油はないんですね。

笠松　私もあの法令にあったかなと思ってみたけれども、油はありませんでした。なぜ油がないかというのも問題ですね。炭があって薪があって、材木の公定価格をきめているのに、もっともすぐ撤回しますが。あのときに何で油がないのか。いかにもありそうなのにと思うのですが。

網野　油は、寺社の法会(7)や燈明(8)のような、特別の場合にしか使わないのではないですか。

笠松　普通の庶民は油は使わないのかしら。

網野　庶民が燈明として油をつかって夜に明かりを灯すのはいつごろからなのかも、大きな問題なのです。夜がまったくの闇夜から、多少明るくなるのはいつごろからかという問題ですね。笠松さんが前に問題にされた夜の犯罪の問題ともつながりますが、どうもそれほど早いころではないようです。室町期には明らかに史料があって、百姓の家で差し押さえられた財産のなかに燈明台がでてきます。だから、十五世紀には庶民が油を使って明りを灯していると思います。

笠松　お寺は油を使いますが、普通は篝屋《かがりや》(9)だって薪を燃すわけでしょう。普通の俗人の家の中で油を燃やすということはなかったわけですね。

網野　昔は油は使わなかったと思います。

笠松　油というのはとても行き渡らなかったわけですか。各地で生産していればもっと庶民でも消費されていそうなものだけれども……。一見庶民に縁のなさそうな絹を庶民が着ていたというのが網野さんの持論でしょう。

網野　絹は調べてみると十三世紀後半には百姓が着ていますから、油があってもよさそうですね。これはもう一度考え直してみる必要がありますね。

笠松　網野さんの説によれば、ほうぼうでいろいろなものを作りそして流通している。それをみんな権力に取られてしまうはずがないからと……。

網野　根拠は一応あるんですよ。百姓の財産目録のなかに絹が出てきますからね。しかし、油はエゴマを作っても搾らなければならないですね。

笠松　技術的に難しいわけですか。

網野　技術的にそれほど難しいのかどうか、百姓ではできないほどなのか、どうでしょうね。これも考えてみる必要がありますね。百姓が負担する年貢になっているから、百姓が油をしぼることができるといってもよさそうですね。

笠松　幕府などはかなりの油の消費者でしょう。部屋の中も薪だけでいくわけはないですね。あれはどうやっているのかしら。

網野　たしかに油の研究はないです。炭の次に油を勉強しましょうかな（笑）。こう考えてくると庶民の生活については盲点だらけですよ。なるほどねえ……。

笠松　なるほどって、べつに大したことありませんよ。

網野　いや、大したことありますよ。庶民の家がいつから夜に明るくなるかというのは、生活文化の上の大問題ですからね。

——竈《かまど》の火は？

網野　火はもちろんありますけれども。

笠松　月のない夜は真っ暗だというごく当り前のことを問題にしはじめたのも最近のことですよね。以前は、そういうことはあまり考えなかったでしょう。

網野　最近、生活史が問題になりはじめて、夜と昼と状況がまるっきり変わってしまうことから、夜に何か変ったことをすると処罰されますよね。

笠松　たとえば、「夜田を刈る」というのがありまして、自分のものでも夜、田を刈るのは悪いとされている。昼間と夜とに別のルールがあったのではないかということも考えてみたことがありますが。

網野　夜相撲はいかんというのがありますよ。しかし、最後に油の値段の議論をして、油の研究がまだ進んでいないということで終われば（笑）。めでたしめでたしかもしれません。

笠松　どこかにちゃんと研究があるといわれるかもしれない。食用油については、『古事類苑《こじるいえん》』(10)にも記録がたくさん載っていました。

註

（1）**エゴマ（荏胡麻）**　シソ科の一年草、燈明の原料となる油として縄文時代より使われてきた。中世においては、大山崎油神人と呼ばれる石清水八幡宮の神人が、畿内を中心にエゴマの仕入れ、精製、販売を独占していたことで有名。

（2）**燈油**　ここでは、エゴマから精製された油。

（3）**桐油**　油桐の種子からとった乾性油。

（4）**十代**　代は古代から中世にかけての土地の面積の単位。五十代一反。主に西日本にこの単位が用いられた。

（5）**延喜式**　延喜年間に編纂が始まり、康保四（九六七）年に施行された式。当時現行法であった弘仁式と貞観式をベースに作成された。また、この三つの式を三代格式と称する。儀礼や行事など、律令法の施行に際する細則を集成しており、ほぼ完全に伝わっているため史料的価値も高い。

（6）**大番雑事**　御家人が、内裏等を警固する京都大番役を勤仕する際に必要となる諸費用。

（7）**法会**　仏事、法要のこと。経典を読誦などし、仏菩薩を供養し仏法を講説すること。最勝会、法華会、大般若会などがある。また、祖先に対する追善供養も法会の一つである。

（8）**燈明**　神仏に供える火。みあかし。

（9）**篝屋**　鎌倉時代、幕府が京都市中警固のため設置した番所。畿内近国の御家人役として課された。

（10）**古事類苑**　一八九六年から一九一四年にかけて順次刊行された、項目別百科事典。三〇部一〇〇〇巻に総目録索引一冊。

まとめ

以前の七箇条、大略《たいりやく》新儀たるに依り、停止せらるる所なり、教圓に於ては、条々の非法遁《のが》れ難きの間、教圓を改易《かいえき》し、穏便《おんべん》の輩を補《ほ》せらるべきなり、預所は新儀非法を行ふべからず、傀儡は亦《また》先例の所役を闕怠《けつたい》すべからず、両方この旨を存知すべし、てへれば鎌倉殿の仰せに依り、下知件の如し、

建長元年七月廿三日

（北條時頼）
相模守平朝臣（花押）

（北條重時）
陸奥守平朝臣（花押）

笠松　ここでまとめの「以前の七箇条……」というところにいくわけですが、「教圓に於ては、条々の非法遁れ難きの間、教圓を改易（1）し、穏便の輩を補せらるべきなり」とありますね。普通このぐらいのことで幕府が預所を改易するということができるのかどうか。幕府の荘園領主としての立場が

ここにも出てきているのだろうと思いますが。

網野　そうでしょうね。

笠松　そして、「新儀非法を行ふべからず、傀儡は亦先例の所役を闕怠すべからず」とある。普通はこういういい方はしませんね。

網野　これは非常に珍しい。

笠松　もしかしたら、これがあるから寺家のほうにもこの文書が行ったのかも知れないということは最初にふれました。そして「鎌倉殿の仰せに依り」となっているのですが、ふつう関東下知状は「仰せによって」とやるか、「鎌倉殿の仰せに依り」のどちらかですが、これも一つ問題があります。佐藤進一先生の『古文書学入門』(2)に書いてありますが、宗尊《むねたか》親王(3)将軍在職期間だけが「将軍家の仰せにより」です。それがなぜかという点は注目されると書かれているのですが、これは本当に知りたい点ですね。前後が鎌倉殿で、あそこだけなぜ将軍家なのか。あれはだれの意向なんでしょう。ずっと鎌倉殿できたのに、あの期間だけ将軍家としたのは。

網野　あのときはじめて天皇家の一族をかついで将軍にしたわけでしょう。

笠松　あそこからずっとそうなるならわかるけれども、また戻るわけですから。ぜひ知りたいところです。佐藤先生は何か考えていらっしゃることがあるのかもしれません。

網野　佐藤先生は王を新しく連れてきたという解釈なのではありませんか。

笠松　「教圓を改易し、穏便の輩を補せらるべきなり」と、何かボールを投げてしまっているみたいですが、改易はいいとして、穏便の輩を補せらるべしというのはだれが新しい預所を任命するんですか。

ふつう判決で改易するということになったら、もちろん荘園領主がやるわけですよね。

網野　やはりここでは寺家でしょうね。寺家が鎌倉幕府と非常に深い結びつきをもっているからでしょう。久遠寿量院の別当の名前で預所を補任するというのが普通ですが、もしかすると幕府が何らかのかたちで介入しているかもしれません。

笠松　鎌倉市中の寺社に対して幕府は大きな力をもっていまして、それ以外の寺社とはまるっきり違って、別当・神主などの相続などにもいちいち介入できるような規制をいっぱいやっています。そのなかでも、この寺は特別な関係にあるようですね。

網野　総括みたいなことで百姓の話をすると、さきほどの議論で百姓というとらえ方が問題になったでしょう。ここでは、「百姓不足」と「百姓田」というかたちで出てくるけれども、郷全体と郷の中の宿という単位とありますよね。宿の在家も百姓だと思いますが、郷はふつう田地と畠地そのほかの樹木で成り立っているのですが。「当郷は畠地無き……」とあるから、田地だけなんでしょうかね。

笠松　百姓でも請作するというのはどういうことなんだろう。

網野　郷の百姓が、郷の年貢は請け負っているのでしょう。

笠松　ここの表現では、百姓田という名目で請作をしているわけですよね。

網野　百姓田の一部を、阿曽尼が請作している、ということではないかと思うのですが。

笠松　私はそうではなくて、百姓田という名目で請作をしたと思ったのですよ。

網野　私は預所名という、預所の直接管理下にある名田と、それとは別に百姓名田があって、名主は阿曽尼ではなくて、別の百姓の名だと思ったのです。傀儡は、そうした百姓名の請作だといっているわけです。

笠松　さっきいっていた百姓不足とか百姓田というのは、あくまでも百姓だからという何かがあって……。

網野　荘園の中には預所名や地頭名、下司名などがあり、あとは百姓の請け負っている百姓名と散田分がありますが、傀儡の名前でなくて、ふつうの百姓の名前で請け負われているでしょうね。そういう百姓名の田地をその年だけ契約して阿曽尼が請作をしたのではないでしょうか。ただ、教圓は、そこは預所名であり、百姓名ではないといっているわけでしょう。だから、さきほどの話でよくわかったのですが、前預所の処置を全部否定するということになれば教圓の主張は十分通りますね。ただ傀儡側の主張のように百姓名の田地について教圓がこのようなことをやったら、それは非法中の非法になってしまいます。そういう方向で考えてみてはと思ったのですが……。

笠松　この史料に出てくるいくつもの「百姓」を抽出して帰納してみると、百姓とは結局どういうことになるのかなと思ったのだけれども、私の頭では、かえって何が何だかわからなくなりました。

――先ほど、傀儡を百姓あつかいしているのではないかというふうなお話が出ましたが。

網野　田地を傀儡が持っていると、その田地に百姓と同じような税金をかけようとしているわけで、教圓は、職能民、「職人」である傀儡に対しまったく百姓と同じあつかい方をしていることになります。少なくとも結果的にはそういうやり方をしています。

笠松　その場合の百姓というのは、荘園領主のほうからみれば、当然、負担をしなければいけないというものとして、百姓というのをとらえているんでしょうか。

網野　そうではないかと思います。逆にいえば、下人・所従はそういう負担のできない人たちで、傀儡のように、免田をもらっている「職人」は百姓と違って負担を特権として免除されているわけです。

笠松　そうすると、百姓の得なところは何ですか。負担しなければならないことはいろいろ出てくるけれども、百姓だからといって得なことは何がのこるのですか。

網野　下人のように主によって身分的に拘束されていないところでしょうね。私は前からそう考えているけれども、年貢さえ払えば百姓は自由に移動できるわけでしょう……。しかし、年貢・公事を負担する義務はあるわけで、それは公的な税金ですからね。

笠松　百姓以外はみんな下人みたいな人間になるわけですか。

網野　いや傀儡は、自由民の「職人」で特権を持っている人ですね。

笠松　特別なものは別にして、普通のところだと。

網野　百姓を中心に不自由民の下人。地頭や預所の下人がおり、給免田を与えられる「職人」がいるのがふつうだと思っているのですがね。

笠松　この史料からだけで論理的に「百姓」という概念を抽出してみようかなと思ったけれど所詮無理な話ですね。

――花押《かおう》の時頼《ときより》と重時《しげとき》のこの二人については、特別に問題はないのでしょうか。

網野　これは執権《しつけん》と連署《れんしょ》です。

笠松　時頼が執権で、重時が連署なのです。ただし、こういうふうに並んでいる場合、どちらが偉いかといえば、奥に署名しているほうが偉いのです。では、なぜ連署である重時のほうが偉いのかということになるわけですが、偉いか偉くないかというのは、朝廷からもらっている位階によって決定されます。この場合、相模守と陸奥守とどちらが偉いかということではなくて、先に従五位になったのはどちらかということです。

――時頼が偉いのかと思いましたが。

笠松　重時のほうがずっと年上ですから、当然、位階は上です。そうすると、位の上のほうが奥に来るわけです。

——二人とも平朝臣なんですね。

笠松　これは北条氏ですから。

網野　しかし、鎌倉幕府の裁許状というのは、やってみるとわからないことだらけですね。もっとこうした試みを続けてもおもしろいし、いろいろなことがわかるかもしれません。

註

（1）**改易**　二〇二頁の註(36)の収公におなじ。刑罰の一つで所領を没収すること。

（2）**古文書学入門**　佐藤進一著『新版古文書学入門』法政大学出版局、一九九七年。

（3）**宗尊親王**　一二四二～七四。鎌倉幕府第六代将軍で、親王が将軍となる親王将軍の初め。後嵯峨天皇の第一皇子。

あとがき

もう二十年近くも昔のこと、某出版社のある企画で、何人かの絵描きさんと、網野さん・勝俣鎮夫さんのやっておられた研究会みたいなものに、私も加えられたことがあった。その何回目か、勝俣さんが急用で欠席、網野さんが遅刻、やむを得ず始った会は、衣食住などについての即物的質問が私一人に向けられるという仕儀になった。「知りません、わからない」という私の返事のくり返しに、座は白けるばかり、そこに網野さん登場。〝網野さんだって……〟という私の〝期待〟に反して、にこやかに、そして淀みなく諸々の疑問が片づけられていき、座はたちまちなごやかさを取りもどした。自己嫌悪の極に達した私は、その夜限りでその企画から遁走した。

網野さんとの対談というお話があったとき、私の頭にうかんだのはあの〝残酷な〟シーンだった。いくらなんでも質問ばかりしていては対談にならない。そこで考え出したのは、「史料、それも幕府の裁許状を題材にしよう。これなら少しは恰好がつくかも知れない」そう思い、その提案に網野さんも心よく同意して下さった。

何故、裁許状が私にとって好都合の素材なのか、法制史を一応専門分野にしているという点もかかわりがなくもないが、より大きな理由は、裁判の判決は、たとえそれが中世のものであっても、それなりの論理性をもっているという点である。その論理さえつかめれば、個別事実の知識に欠けていても、文章の筋道をつかむことが、ある程度可能であり、ある場合には、この筋道から逆に個別事実を解釈できる可能性があることを、私は経験的に知っていた。

網野善彦という人は、研究者としておよそウイークポイントの見つけ難い人である。知識、理論、創造力……、その上くずし字の解読にかけても一流以上の力をもっている。私が何とか土俵にのぼれるのは、裁許状の読解ぐらいのものだったのである。

この対談は、日をおいて三回行なわれたが、その毎前夜、私はいささかの学問的昂ぶりを覚えた。若い頃と違って今はもうそれは希有のことである。もしかして、こういえば網野さんの意表をつけるかも知れない……。

しかしそんなことはほとんどおこらなかった。私はあえなく質問者に終始してしまった。ごく最近、網野さん相手に『米・百姓・天皇』（大和書房）について、白熱の議論をたたかわされている石井進さんが、「網野さんと話をすると、不思議に元気が出る」と、よくいわれていたことを思い出す。心身ともにまるで元気のない私が、中味は何であれ、網野さんとの〝議論〟によって、心地よい元気をもらえたことはいうまでもない。

なお本書の註は、神奈川大学大学院博士課程の網野暁氏につけていただいた。暁氏に感謝したい。

二〇〇〇年七月三十一日

笠松宏至

補論　この書と過ごせた幸せ

笠松宏至

『中世法制史料集』の第一巻、追加法一三一条「町人ならびに道々の輩を召仕ふべからず」（原漢文、読み下し笠松）と題する法令（延応二年と推定）の末尾に、「但、付能解才誂作要事、不及制止之」という但書《ただしがき》がある。底本とした近衛家本追加《このえけぼんついか》に「才」の下に一字分の空白があって脱字があるらしいこともあって、私には全体の文意が理解できず、姑《しばら》くそのままの形で翻字して過ぎたが、数年前、非農業民概念の提唱者である網野善彦氏より「解才」は職人の意味の「外才《げざい》」の誤りであろうと教えられて、なる程と納得できた。……恐らく右の追加法では、「解」と「外」の草体の類似から「外才」が「解才」と誤写されたものであって、この但書は「能《よ》き外才に付きて、要事を誂《あつら》え作るは、これを制止するに及ばず」と訓むのであろう。……「外才」という語彙の存在を知らなかったために、但書を解読不能のままに放り出したのは、ただただ己が無学の故という外はなく、法令の校訂や文書の翻字編集に携った自分の拙ない経験をふり返ると、そら恐しさを覚える。

これは「よいテキストへの願い」と題された、佐藤進一氏の文章である（『早稲田大学蔵資料影印叢書』国書篇第一四巻「月報8」、一九八五年一二月）。ちょうど半世紀をかけて二〇〇五年に完結した、戦後数多い史料集のなかでも最も学界寄与度の高いものの一つである『中世法制史料集』（全六巻、岩波書店。一・二巻は池内義資氏と、三―六巻は百瀬今朝雄氏と共編）の中心的編纂者である佐藤氏の、この文章を平然と読み過ごすことのできる歴史研究者がいたら、その人は余程お幸せな方であろう。当時公務として古文書の編纂に従事し、そのほかにも若干のそれに類似した仕事をつづけていた私などは、まさに冷汗三斗、これまでの仕事をどうふり返ったらよいのか、そしてこれからもやらねばならぬ仕事をどうしたらよいのか、足のすくむ思いであった。

佐藤氏に師事して六〇年近く、私は古文書解読の三要素ともいうべき、くずし文字の解読、中世語彙の智識、そして文体のもつ論理性、それぞれに於ける氏の恐るべき能力に長く接してきた。数字ではかることはできないが、氏と私の距離はほとんど無限大といっても、少しも誇張ではない。その氏が何故ここまで謙虚でなければならないのか、それは私にはわからない。ただ想像できるのは、絶対的無謬のテキストという目標に向かって実践されようとした冷たく厳しい姿勢である。

ちなみにいえば、この条文の底本となった「近衛家本追加」はこの『中世法制史料集』（以下『中法』と略す）第一巻によってはじめて活字化された鎌倉幕府法の追加集で、同書上梓の一九五五年以前は、ほとんどの研究者が利用できず、しかもやや専門的すぎるのでここには引用しないが、「延応二年」というあっさりした年次推定（底本には年次がない）の裏には同書の補注22に述べられている高度の論証があったのである。

同じ「近衛家本」のみで一つ例をあげると、仁治二年一二月付け追加一七一条は、底本には「京都於御沙汰之間、問注奉行人等意入條脱張合参勤之由承候」という一節がある。これでは何のことか全く読解不能である。私などでは合が令の誤字であることくらいしか思いつかない。ところが同書頭注にはこう記す。「意入或は遅参に作るべし」「條脱張合恐らく臨晩陰令に作るべし」。何故一つづきの六文字を二分して注されたか。それは前者は「或……」であり後者は「恐……」と区別されるためである。或と恐の二文字の差に編者の自信と逡巡のわずかな差が込められているのを想像するほかはない。しかしこの頭注に従って「奉行人等遅参、晩陰に臨み参勤せしむるの由（奉行人らが定刻に遅れ、夕方になって参勤してくるという由であるが）」と読み下せば、文意全く明快簡明である。何故こうした頭注をつけることが出来たのか。それはすべて前述の三要素における編者の卓抜した高い能力に求めるほかはあるまい。

明ければ八〇歳。老いの先人たちが書きのこしてくれた定石通りのことが精神的にも肉体的にも私には次々と起きつつある。一時間前のことは忘れても、昔のことは妙に憶えている。今から五六年昔の秋（奥付には一〇月八日とあるが正しくその日だったかどうかはさすがに記憶にない）のある日の朝、私は神田神保町、開店早々の信山社にとび込み、かねてその日が発売日であることを知っていた『中法』第一巻を購入した。定価八〇〇円、恐らくこの本を書店から買ったのは、全国でも私が一番早かったのではないか、と自慢にもならない自負をもっている。今とはまるで違いささやかな岩波書店の小売店であった信山社の情景、そして当時足繁く立ち寄った近くのコーヒー店ではじめて頁をひらいたこの本の手ざわり、少し誇張していえば、ややマニアックなこの本の〝愛読者〟となってしまったその初日だった。

その後『中法』は、翌々年の第二巻「室町幕府法」から、その第六巻「公家法・公家家法・寺社法」と続いて完結するが――この第六巻の編者に、佐藤氏、百瀬今朝雄氏とともに私の名があるが、私は両氏の足をひっぱるばかりで、しかもここに名をつらねたばかりに、よき〝愛読者〟という秘かな誇りを少し曖昧にしてしまったのは残念である――、購入したのはこの第一巻初刷の一冊だけで、第二巻以後はもちろん、第一巻についても改訂される度にいただいていたので、物理的には何冊ももっている。だが頁の端はすり切れ、少なからず本全体が変色してしまったこの本は、長年座右においた本でもロクに読むことのない不勉強を象徴するような私の書棚のなかに、一人異様な存在となっている。

何故こうまでこの本を酷使してしまったのか、理由は簡単である。修士論文作成の頃からはじめた従来の鎌倉幕府法の性格についての根本的転換を企図した自分のテーマに、当然ながらこの本の利用価値は絶大だった。一つだけ例をあげよう。「諸国御家人《ごけにん》跡、領家進止《りょうけしんし》たるの所々御家人役の事」と書きだす追加二一〇条は、御家人がその地に何らかの所職《しょしき》をもち、御家人役として幕府に対して何らかの負担を負いながら最終的な領有権をもつ領家に対して、ごく簡単にいえば些細な「誤」を口実にして御家人の所職をとりあげるなら、代りに前々どおり御家人役をつとめる人間、すなわち御家人をもってその跡に補任《ぶにん》せよ、という旨を朝廷側に通告した法令である。これは主に西国《さいごく》に所領をもつ御家人にとってきわめて有利で、相当強力な御家人保護令といってよい。詳述する余裕はないが、その内容が故に、追加法としては異例にも御家人社会に長く記憶されてきた法令である（なお、追加法とは、御成敗式目《ごせいばいしきもく》に追加するという意味での鎌倉幕府法で、事実上式目以前のものも含んでそう呼ばれている。条番号は、すでに学会共通の認識となっている『中法』の条番号である）。

ところで、問題はこの法が立法され、京都の六波羅探題《ろくはらたんだい》に通達された年月日である。『中法』が底本にした島津家文書は「寛元々年八月三日」とする。ところがその頭注をみると、いずれも追加集である「新編追加」「近衛家本追加」や東寺百合文書等はこれを寛元二年とするが、編者は「二」を「恐らく非」とし、その理由を補注29で詳述する。そこには実に興味深い事実の指摘がある。結論的には「元」が正しく「二」はおどり字「〻」を読み違え書き違えた結果の誤りであるが、事実はそう単純ではない。この補注によると、二年として世に通用している史料もあり、幕府の准公的編さん物である『吾妻鏡《あづまかがみ》』もこれを二年のその日にかけて所載する。それぱかりではない。文永二一年、若狭の一御家人が六波羅の法廷に提出した文書には「寛元元二両度関東御教書《かんとうみぎようしよ》の如くんば」と、年号と月日、そして内容も同じ法令が二度出された事に少しの疑ももっていない。寛元から文永、少なくともこの数年間、元年のもの、二年のもの、そして元・二年両度の法令が、世にも法廷にも流布し、あろうことか、明確にわからないがそうは遠くない頃、准公的史書ともいうべき『吾妻鏡』には誤字の結果である二年の年次をもつ原拠史料が用いられているのである。

別にこれだけでああこういうつもりはないが、当時私が主目的としていた鎌倉幕府法の法としての時間的効力の限界性が実に即物的にうかんでくる。いってみれば、追加法はある一面からいえば実にはかない存在でしかなかった、この事が、『中法』の編者が記したたった一つの補注から導き出されるのである。もちろんこの補注が座して書けるわけはない。実に多くの関連史料が網羅され、本文をみればわかるように眼も眩むような多数の校訂注、そうした努力の末の結果である。少し尾ひれをつければ立派に論文としても通用する内容が全くさりげなく、補注の一つとして掲げられている。そこには一つの文飾もなく形容も、まして気負いもない。

ここで私は何度かきいた佐藤氏の言葉を思い出した。氏にとってこの『中法』シリーズは中世法を研究するための一つの〝準備作業〞である、と。これまた守護史研究の礎《いしずえ》的存在となった『鎌倉・室町幕府守護制度の研究』四冊（東京大学出版会）、これも氏にとって今度は中世政治史研究の〝準備作業〟であったという。膨大な努力と時間、そして高度の主として古文書学的テクニックを用いてする論証を、このようにあくまで坦坦とした簡明な文章に書けるのは、氏にとって『中法』も『守護制度』もいずれも〝準備作業〟であることに一つの源流をもっているような気がしてならない。

はじめて手にしてから長い時間がたって、私は数カ所の大学の大学院で『中法』をテキストに用いた。そしてある大学で、あるときやっとその最終条にたどりついた。その時、自分の研究生活も終りがきたような感傷がおさえきれなかったことを覚えている。もちろん傷ついてしまったあの手垢だらけの『中法』を人に見せることはなかったが。

『中法』第一巻から十数年後、佐藤進一・石母田正・石井進・勝俣鎮夫氏、それに私の共編になる『日本思想大系21　中世政治社会思想　上』が刊行された（岩波書店、一九七二年）。この本で私の担当したのは、御成敗式目・追加法、それに『中法』第二巻に収載された室町幕府法のごく一部であるが、その際、あらためて実感したのが『中法』の重みであった。そこでの私の仕事は、式目を別にすれば、私の主観で中世法として重要であり興味深いと思う条文を相当数選び、それを法令の種目的に類別し、読み下し文をつけ語句の頭注をつけることであった。頭注については自分の無知を呪いたくなるような苦痛を十分味わったが、本文や年次の確定、読み下しについては、ほとんどの場合『中法』につけられている句点・返り点、それに諸々の頭注・補注に従うだけでよかった。それでも自分で読み下してみて、『中法』編者の智識と能力、そして労苦をあらためて実感した。しかしより大事な差は、前述のように私が選び出した基準は私の主観であり、客観的な価値判断はなかった。

例えば冒頭に紹介した「外才《げざい》」をもつ追加一三一条である。『思想大系』が上梓された時点で網野氏の論文「「外財《げざい》」について」（初出一九八〇年、のちに『網野善彦著作集』第七巻所収）は発表されておらず、こんな何が何だかわからない語句をもつ条文を私が割愛したのはいうまでもなかった。さらに同氏との関連でいえば、追加二八条「諸社祭の時飛礫の事」がある。この本の「月報」への寄稿を依頼された氏は、私に「この条は、載せたんだろうね」と念を押された。「載せていない」と応えると、氏は少し困ったような顔をされた。氏が月報に「飛礫覚書」と題し、「この法令にはなにか異様なものがある」と書き始められた京中飛礫の禁止令についてであり、当然『思想大系』本文にも載せられていると思われていたのだろう。「月報」にその重要性が指摘されているにもかかわらず、肝心の本体には載っていない。何故私がこの条文をカットしたのか、いうまでもない。私は「飛礫《つぶて》」がもつ諸々の意義について露知らなかった。そしてもしこの条を載せれば、当然この語について頭注なり補注をつけなければならない。そんな面倒でしかもあてのないことを、自分が選んだ法令への対応だけで四苦八苦の私がするはずはなかったのである。

好き嫌いで選ぶどころではない。ありとあらゆる史料から、断片的な法令まで探り出し網羅し、そして結果的にはどんな中世人よりも現代の我々をして幕府通たらしめた『中法』の怖ろしさに、今さらながら感嘆せざるをえなかった。

最後に『中法』第三巻、「武家家法Ⅰ」について「史料解釈の源泉」と題して書かれた勝俣鎮夫氏の文章を引用させていただく。対象とする巻は違っても、『中法』への思いは、少し気味悪いほど同じだからである。

私はこの書を読むたびに、何がしかの自分なりの研究上の成果をえてきたのであり、それによって自分なりの知的満足感を与えられつづけてきた。長い人生の青春時代にこの書にめぐりあえた幸運を感謝せざるをえない。（石井進編『歴史家の読書案内』吉川弘文館、一九九八年、所収）

（『図書』七四六号、岩波書店、二〇一一年）

本書の原本は、二〇〇〇年に学生社より刊行されました。

著者略歴
網野善彦
一九二八年　山梨県に生まれる
一九五〇年　東京大学文学部国史学科卒業
名古屋大学助教授、神奈川大学短期大学部教授、同大学特任教授などを歴任
二〇〇四年　没
〔主要編著書〕
『無縁・公界・楽』（平凡社、一九七八年）、『中世の罪と罰』（共著、東京大学出版会、一九八三年）、『日本の歴史をよみなおす』（筑摩書房、一九九一年）、『職人と芸能』（編著、吉川弘文館、一九九四年）、『「日本」とは何か』（講談社、二〇〇〇年）

笠松宏至
一九三一年　東京都に生まれる
一九五九年　東京大学大学院文学研究科国史学専攻修士課程修了
東京大学史料編纂所教授、神奈川大学教授を経て、現在、東京大学名誉教授
〔主要編著書〕
『日本中世法史論』（東京大学出版会、一九七九年）、『徳政令』（岩波書店、一九八三年）、『中世の罪と罰』（共著、東京大学出版会、一九八三年）『法と言葉の中世史』（平凡社、一九八四年）、『法と訴訟』（編著、吉川弘文館、一九九二年）

読みなおす日本史

中世の裁判を読み解く

二〇二三年（令和五）二月十日　第一刷発行

著　者　網《あみ》野《の》善《よし》彦《ひこ》
　　　　笠《かさ》松《まつ》宏《ひろ》至《し》

発行者　吉　川　道　郎

発行所　株式会社　吉川弘文館
郵便番号一一三―〇〇三三
東京都文京区本郷七丁目二番八号
電話〇三―三八一三―九一五一〈代表〉
振替口座〇〇一〇〇―五―二四四
http://www.yoshikawa-k.co.jp/

組版＝株式会社キャップス
印刷＝藤原印刷株式会社
製本＝ナショナル製本協同組合
装幀＝渡邉雄哉

ISBN978-4-642-07521-3

読みなおす
日本史

刊行のことば

現代社会では、膨大な数の新刊図書が日々書店に並んでいます。昨今の電子書籍を含めますと、一人の読者が書名すら目にすることができないほどとなっています。ましてや、数年以前に刊行された本は書店の店頭に並ぶことも少なく、良書でありながらめぐり会うことのできない例は、日常的なことになっています。

人文書、とりわけ小社が専門とする歴史書におきましても、広く学界共通の財産として参照されるべきものとなっているにもかかわらず、その多くが現在では市場に出回らず入手、講読に時間と手間がかかるようになってしまっています。歴史の面白さを伝える図書を、読者の手元に届けることができないことは、歴史書出版の一翼を担う小社としても遺憾とするところです。

そこで、良書の発掘を通して、読者と図書をめぐる豊かな関係に寄与すべく、シリーズ「読みなおす日本史」を刊行いたします。本シリーズは、既刊の日本史関係書のなかから、研究の進展に今も寄与し続けているとともに、現在も広く読者に訴える力を有している良書を精選し順次定期的に刊行するものです。これらの知の文化遺産が、ゆるぎない視点からことの本質を説き続ける、確かな水先案内として迎えられることを切に願ってやみません。

二〇一二年四月

吉川弘文館

読みなおす
日本史

読みなおす日本史

日本の奇僧・快僧
今井雅晴著
二二〇〇円

平家物語の女たち 大力・尼・白拍子
細川涼一著
二二〇〇円

戦争と放送
竹山昭子著
二四〇〇円

「通商国家」日本の情報戦略 領事報告を読む
角山 榮著
二二〇〇円

日本の参謀本部
大江志乃夫著
二二〇〇円

宝塚戦略 小林一三の生活文化論
津金澤聰廣著
二二〇〇円

観音・地蔵・不動
速水 侑著
二二〇〇円

飢餓と戦争の戦国を行く
藤木久志著
二二〇〇円

陸奥伊達一族
高橋富雄著
二二〇〇円

日本人の名前の歴史
奥富敬之著
二四〇〇円

お家相続 大名家の苦闘
大森映子著
二二〇〇円

はんこと日本人
門田誠一著
二二〇〇円

城と城下 近江戦国誌
小島道裕著
二四〇〇円

江戸城御庭番 徳川将軍の耳と目
深井雅海著
二二〇〇円

戦国時代の終焉 「北条の夢」と秀吉の天下統一
齋藤慎一著
二二〇〇円

中世の東海道をゆく 京から鎌倉へ、旅路の風景
榎原雅治著
二二〇〇円

日本人のひるめし
酒井伸雄著
二二〇〇円

隼人の古代史
中村明蔵著
二二〇〇円

飢えと食の日本史
菊池勇夫著
二二〇〇円

蝦夷の古代史
工藤雅樹著
二二〇〇円

天皇の政治史 睦仁・嘉仁・裕仁の時代
安田 浩著
二五〇〇円

日本における書籍蒐蔵の歴史
川瀬一馬著
二四〇〇円